大夏书系·学校领导力

在爱中行走

9名校长眼中的教育细节之美

王珺 —— 主编

华东师范大学出版社
全国百佳图书出版单位

图书在版编目（CIP）数据

在爱中行走：9名校长眼中的教育细节之美/王珺主编.—上海：华东师范大学出版社，2020

ISBN 978-7-5760-0199-0

Ⅰ.①在... Ⅱ.①王... Ⅲ.①中小学教育—文集 Ⅳ.①G63-53

中国版本图书馆CIP数据核字（2020）第043636号

大夏书系·学校领导力

在爱中行走
——9名校长眼中的教育细节之美

主　　编	王　珺
策划编辑	朱永通
责任编辑	万丽丽
责任校对	殷艳红　杨　坤
装帧设计	奇文云海·设计顾问

出版发行	华东师范大学出版社
社　　址	上海市中山北路3663号 邮编 200062
网　　址	www.ecnupress.com.cn
电　　话	021-60821666 行政传真 021-62572105
客服电话	021-62865537
邮购电话	021-62869887 地址 上海市中山北路3663号华东师范大学校内先锋路口
网　　店	http://hdsdcbs.tmall.com
印 刷 者	北京博海升彩色印刷有限公司
开　　本	700×1000 16开
插　　页	1
印　　张	18.5
字　　数	260千字
版　　次	2020年8月第一版
印　　次	2024年5月第四次
印　　数	10 101—11 100
书　　号	ISBN 978-7-5760-0199-0
定　　价	75.00元

出 版 人　王　焰

（如发现本版图书有印订质量问题，请寄回本社市场部调换或电话021-62865537联系）

序 爱与美的行动

朱永新

前不久,王珺发来了《在爱中行走——9名校长眼中的教育细节之美》的书稿,希望我能写一篇序。

我很愉快地答应了她的要求。因为王珺是新教育的老朋友,是我非常尊敬的一位编辑、作者。

王珺主编的《中国教育报》"读书周刊"和"文化周末",特别注重以教育视角观照文化,用文化眼光推介好书,是我最喜欢阅读的两个专栏。而且,她的文章我也非常喜欢:她撰写的人物专访和文化随笔,善于捕捉"大人物"的细节、"小人物"的不凡,深入人物内心,挖掘更真实、更个性的一面;她采写的教育话题、社会话题和文化话题,也不落俗套,在独特的站位与思考上发出自己的声音,她的文字细腻、清新、温暖、睿智,引人入胜。

我和王珺的第一次接触,应该是在2003年年初。当时,新教育实验刚刚起步,我们提出了新教育的五大理念和六大行动,第一个行动就是"营造书香校园"。敏锐的王珺很快找到我采访,并且在当年的两会期间推出了专访《最理想的学校图书馆什么样?——全国政协委员朱永新推出"书香校园"概念》。新教育实验以教师成长为起点,以推动阅读为抓手,在中国率先提出了"书香校园"的概念。这篇专访不仅敏锐捕捉到了这个概念，而且一下子抓住了新教育"书香校园"的三个关键问题：图书馆应随时随地向孩子敞开、让爱书懂书的人荐书管书、书香校园是学校图书馆发展的终极目标。在专访中，我们对理想的中小学图书馆进行了描绘和展望。

此后不久，王珺又参与了"校长周刊"的创办并主持该周刊头条栏目的策划和采编工作，在主编深度报道专刊"视点"的过程中创办了"人物"专刊。多个周刊、专刊的主编经历，丰富了她的策划经验。从她策划的栏目和选题看，无论是"校长周刊"时期的"面对面""校长速写"，还是"视点"时期的"少年与罪"系列报道，或者是"读书周刊"时期的"教师喜爱的100本书特刊""世界读书日特刊"等等，都体现出很强的策划能力和整体意识。在她主编的各种周刊中，文章之间的逻辑关联，主题之间的内在联系，都在这种整体意识中得以展现。

尤其是她主持以后的中国教育报年度"推动读书十大人物"评选，通过编辑出版特刊、举办揭晓仪式和校长阅读论坛等方式，将"推动读书十大人物"评选的影响力、权威性推到了一个新的高度，显示了她在利用社会资源、打造品牌活动等方面具有的组织能力、协调能力。

这本《在爱中行走》虽然只是王珺工作中的一小部分，却可管中窥豹，这本书全面地展示了王珺的策划、组织、协调和写作能力。虽然是9位校长撰写的9所学校的故事，是他们眼中的教育细节与学校之美，其中却透露出王珺作为主编的独到匠心。在书中，我们可以看到窦桂梅校长如何每天早上在学校门口迎接学生，张丽钧校长如何邀请教师、学生喝咖啡，程红兵校长如何开启学校的绘本花园，华应龙校长如何发现学生与教师饮水机上的不同温度，姜树华校长如何用标识系统氤氲学校的文化气场，朱爱朝校长如何用自然笔记建立学生与世界之间健康的关系，房超平校长如何用书"搭建"学校，郑铁军校长如何让教室成为学堂，何夏寿校长如何用童话滋养童心。

我与其中的窦桂梅、华应龙等都是很好的朋友，对于程红兵、朱爱朝等校长也很熟悉，他们的忙碌我是心知肚明的，他们用心地观察和记录这些细节，王珺则有一双"发现美的眼睛"和一颗"编织美的心灵"，将他们的这些发现，从不同的侧面构建起一个美好学校的"百花园"，这些发现既有美美与共，更有各美其美。王珺说："他们是校长,是学校这艘大船的掌舵人,也是发展蓝图的绘制者。他们各有角度,各有力道。在这里,他们为自己的学校画了一幅工笔画。"这些各不相同的学校工笔画,由王珺组成了一幅教育界的"清明上河图",这个创意非常美妙。

感谢9位校长,把自己学校的最美风景采撷、描绘出来;感谢王珺,把不同的美好整合为美丽的教育长卷,让人沉醉,更让人便于临摹。我们能够在爱中行走,更在美中徜徉,相信因此会催生更多爱与美的行动。

2019年11月17日写于北京滴石斋

(作者系国家全民阅读形象代言人,新教育实验发起人)

目 录

窦桂梅 清华附小，我永恒的喜悦

细节一 / 校园之美——大美而不言 003
建筑设计师笔下的园子 004
教育者眼中的园子 005
附小人精神皈依的园子 008

细节二 / 儿童之美——只拣儿童多处行 011
每天早上的迎候：一种持续和稳定的关怀 011
手写校长奖颁奖词：与儿童心灵的对话 012
用"全阅读"点亮"照耀儿童成长的灯塔" 014
把体育作为核心课程：让学生的"健康"真正落地 017
把戏剧课纳入课表：让儿童站在教育的中央 019
让考试变成嘉年华：真正实现"乐学"目标 020
水木秀场：每个儿童都是一门独特的课程 023

细节三 / 管理之美——陪伴，是最长情的告白 025
拥有教育理想的同路人 025
具有实干精神的共同体 026
携手教师团队的每一个 027

张丽钧　做一个美的"布道者"

细节一 / 生命之美 035
开滦一中学生的"戳记" 035
拒绝成为自我的"差评师" 038
拥抱母亲的理由 040
点　燃 042

细节二 / 真实之美 044
公开课——疲惫生活中的英雄梦想 044
校长邀谁喝咖啡 047

细节三 / 智慧之美 049
为自己的履历而勤勉工作 049
做一个"治愈系"教师 051
惊喜力 052

细节四 / 感悟之美 054
触摸古人千载之前的心跳 054
吾　生 056
那满满一竹篮水啊 058
门的悬念 060

程红兵　我眼中的学校之美

细节一 / 校园之美 069
孩子们，早上好！ 069
那诗意的校园故事 073

细节二 / 课程之美 077
机缘＋需要＝课程 077
开启明德绘本花园 080

细节三 / 课堂之美 084
教语文的多种方式 084
课堂教学也是技术活 087

细节四 / 活动之美 092
南国新唱毕业歌 092

华应龙　爱在细节中

细节一 / 模糊之美 101
"大约"在二小 101
一树一菩提，一沙一世界 106

细节二 / 仁善之美 110
爱在细节中 110
细节中的参事 / 117

细节三 / 环境之美 120
"不钻进去是搞不好的" 120

姜树华　静心打造"安定"之美

细节一 / 标识之美——用安定标识氤氲文化气场 129
安定广场——一座拥有千年文化根脉的广场 129
雅乐讲坛——一个能够贯通古今礼仪的讲坛 133
"巴学园"——一个观照儿童自由驰骋的乐园 134
"安定书院"——一座可以抵达诗与远方的书院 136
"香樟大道"——一条通往儿童美好未来的大道 138
"安安定定"——一对凝聚各方寄寓的吉祥物 139

细节二 / 创新之美——与时俱进"接着讲" 141
"明达教育"——一项面向未来培育全人的课程 142

细节三 / 行动之美——安定小学的"五好生"行动 149
一生礼仪：争做安定小绅士、小淑女 149
一生阅读：带走滋养人生的行囊 150
一生素养：让商讨成为生活方式 150
一生才艺：提供展现个体成功的舞台 151
一生劳技：拥有乡土情怀的劳动品德 155

朱爱朝　以全人教育构建儿童成长根基

细节一 / 传统节日之美——以二十四节气为经 161
二十四节气中的老故事讲述 163
二十四节气里的古典诗词吟诵 167
二十四节气中的游戏和习俗体验 169

细节二 / 博物之美——以自然笔记为纬 172
自然笔记1：二十四节气里的歌唱 176
自然笔记2：让我们与世界建立健康的关系 180
自然笔记3：走向内在的安静恬适 185
自然笔记4：走向个性化的表达 190

房超平　充分彰显人本张力

细节一 / 天真之美 201
让"书虫"多些，再多些 201
"别急着下课，接着玩呀！" 203
学生考官比家长考官更认真 206
"老师，我不想放假！" 208
他的变化像一面镜子 210

细节二 / 变革之美 212
这样的改革，让我们看到了英语教学的曙光 212
换个小环境，问题就迎刃而解 214
"我才是真正的胜利者！" 216

细节三 / 管理之美 219
让青年教师走上前台 219
用书"搭建"学校 221
让管理的人本张力充分彰显 223

郑铁军　享受教育，享受成长

细节一　/　思想之美　229
解读校标　229
让教室成为学堂　231
校园节日是什么　232

细节二　/　理想之美　234
我的教育理想　234

细节三　/　成长之美　237
把教师发展纳入学校办学宗旨的思考与实践　237
为成长感动　240

细节四　/　差异之美　243
中日教师同课异构引发的思考　243
追求高雅，从认真倾听和不乱扔垃圾做起　245

何夏寿 —— 童话滋养童心

细节一 / 童境之美 253
童话十景 253

细节二 / 童真之美 265
捣　蛋 265
钢　笔 267

细节三 / 童话之美 270
答问：童话可以这样教 270

后记　种树的人 281

窦桂梅：清华附小，我永恒的喜悦

作者说

成志教育，
照耀一生。
让儿童站立在学校正中央，
为聪慧与高尚的人生奠基。

窦桂梅，全国著名特级教师，教育学博士，教授。清华大学附属小学校长，清华大学教育研究院基础教育研究所所长。教育部基础教育课程教材专家工作委员会委员；教育部"中小学教师国家级培训计划"特聘专家、专题课程主持专家；东北师范大学博士生导师；首都师范大学硕士研究生导师。先后获得"全国模范教师""全国师德先进个人"等荣誉称号。

出版《小学语文主题教学研究》《我的教育视界》《超越·主题·整合》《听窦桂梅老师评课》《听窦桂梅老师讲课》《玫瑰与教育》《窦桂梅与主题教学》《回到教育的原点》等多部个人专著。

细节一 校园之美——大美而不言

在这里四季如春,

在这里有爱没恨。

我们要活泼精神,

守秩序,相敬相亲。

我们读书要认真,知识要多,头脑要清新。

能独立判断,能俭能勤,发奋努力,好好的做个人。

——西南联大时期清华附小校歌

正如历史学者陈远所著的《清华附小的中国意义》中所写,这是一所与国家命运紧密相连的学校,这是一所为中国基础教育提供思想与实践智慧的学校,这更是一所有故事、有温度的学校。如今,这所105岁的学校,交到我们的手中,任重而道远,我辈必将砥砺前行。作为校长,有很多所谓"大事"要做,但"致广大而尽精微",于细小中,有时我们对这个园子更是爱得深沉。

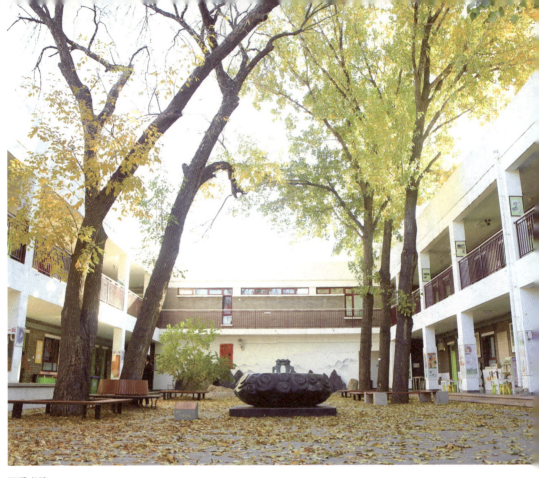

丁香书院

建筑设计师笔下的园子

  清华附小的建筑群,设计者是清华大学建筑系的王丽芳教授。她朴素,但有风格。设计之初,就是以儿童为中心的。为了让孩子们7岁到13岁这一重要人生阶段不至于单调,设计师将六年分成三个阶段,设计了三座不同的"小学"——便是现在的"启程楼""知行楼""修远楼"。学生仿佛每两年从一个地方毕业,走向下一个地方,再毕业,再到下一个地方。多么令人感动,不是小学教师的设计师却懂得儿童,让不同年龄的儿童在这个学校里有了不一样的身份属性。除此之外,设计师又考虑到除了让孩子们玩好,身体好,还要有一个让他们的思想得以生长的地方,于是,大大小小的院子之外,就有了一个丁香书院。

在北方的冰天雪地中，清华附小是一个独特的存在，她浑身透着中国传统建筑中园林的气质。小学一般都用气氛热烈的红砖，但这里全是灰砖，是继承传统，更是保留学校文化的品位。儿童鲜活的个体本身，以及他们绚烂的作品，他们的笑，他们的动，才是这灰底色上的主角。灰墙上还砌了很多白色的石头，石上镌刻着中国古代的格言警句。东一块，西一块，散落在墙上，这正是设计者的一份爱心，一份童心。一共有多少条格言警句呢？孩子们找去吧！同时，回廊长长短短，高低错落，移步换景中，自然就有了丰富的景象变化。开敞的柱廊并不像多数学校一样用玻璃围起来，这看似没有为儿童做好保暖，实际却是真正为儿童考虑，牺牲最冷的几天换取四季的开阔和流动，还孩子自由呼吸的空间。

所有的树都被有姿态地保留，每一棵树都站成了风景，尤其丁香书院里参天的白蜡树，它们姿态秀美，婀娜蜿蜒，在院框中就成了变化的风景。不仅是树，校园里还有各种花草，以及随之而来的鸣虫飞鸟……真正是一个儿童生长的好地方！在高楼林立的现代都市中，在清华园中的西南角，我们为儿童保留了一个生态田园、花园、乐园，他们可以如我幼时般亲吻大地，于大地上奔跑。

教育者眼中的园子

但设计师给我们的校园是一个艺术品，继这件艺术品之后，如何让校园与儿童产生联系？只有发生过教育故事后，学校才成为学校，成为装满故事的博物馆，成为美好故事的集散地，成为传奇故事的发生地。有了故事，学校才是教师和学生精神意义上的"家"。

我们的清华大学被评为世界14所最美的大学之一，也是亚洲唯一入选的大学。且不说断碑、中华简，也不谈自清亭、闻亭、晗亭，单就说整个清华园的树种就超过了圆明园和颐和园。清华附小也应如清华大学一般绿色、生态。于是我带领附小人，维护加固了校园的多棵参天大树，又移植、插种了清华园里特有的梧桐、白皮松、桃树、合欢树、海棠树、石榴树……品种多达54种。同时，为了呼应清华园的闻亭，在附小园里设计了"鼓亭"——晨钟暮鼓，清华荣光!

每天，我们沐浴着清晨的霞光，踏进清华园，走进园中园的附小。这里的清华人——王国维、陈寅恪、梁启超、钱钟书、钱学森、林徽因……我们追寻着大师们的足迹，感受今天各界精英与政治领袖的风采；仰望曾经担任附小校长或董事的冯友兰、朱自清、马约翰、李广田……还有从附小走出去的杨振宁等科学、艺术、体育等领域的卓越人才。每一代人都得到清华园的庇护，受到她的恩泽。于是我们建设了一个校史馆，记录并见证附小百年历史的沧桑变迁。

当年清华大学校长蒋南翔先生提出"为祖国健康工作五十年"，这句话是赞美从事体育工作50年、曾担任清华附小校长的马约翰先生的。至今，这句话依然影响着我们。国家规定了小学生人均占地面积为2.7平方米，附小的孩子们，人均占地面积竟达到15.6平方米。瞧，附小除偌大的操场、300米环形跑道保留外，在这两年里，还建设并完善了足球场、篮球场、轮滑场、网球场、棒球场、乒乓球场及各种体育器械设施。

即便如此，仍觉得少了些什么。

2011年，清华大学迎来百年华诞。校庆活动中有个世界雕塑展。那么多世界级大师们的雕塑，展出之后还带回去吗？如果附小的角落里有了雕塑，不就有故事了吗？要知道，每一座雕塑都藏着一个故事，雕塑与学校又会发生怎样的故事呢？这个问题在我脑中一闪，我很快便有了主意。

首先，让学校司机带我在清华园里转一圈，把觉得适合放入附小的雕塑逐一拍照。接着让老师们给学生布置一个任务——在清华园里寻找与描绘自己喜欢的雕塑。雕塑都是大师的作品，孩子们可对这些作品尽情展开想象。当学生的图画和我们看中的雕塑契合后，我找到清华美院、大学校办、后勤总务等领导，拜托他们把孩子们的画送给相关雕塑家，表达我们的意愿。经过我们不懈地努力争取与真挚地反复恳求，大学答应了我们的请求。现在，清华附小成了全国最有"家产"的学校，甚或是世界上拥有最多雕塑的小学，藏有大型雕塑作品16件！

这些雕塑在鸟语花香、树木葱茏的校园里，仿佛一下子有了筋骨，看似不经意的摆放，却有了文化景观的韵味。关于雕塑，这里还有一个小插曲，是有关"水木之夏"女神雕塑的故事。

一位六年级学生对女神雕塑这样描写道：只见一位裸体美丽如维纳斯的女神，身体丰满而又健壮。圆润的乳房好像含苞的大花朵，婀娜的腰身似躺在水中，如此轻盈妩媚。那么惬意，那么安静，表达着生活的舒展与滋润，人体的曲线仿佛维纳斯在水中静眠。这样的雕塑，体现的正是人与自然的和谐。

水木之夏

要知道，最初这位美丽的女子出现在校园里，大家都觉得太不适合小学生了，怕他们想入非非，会学坏。当时我在外地出差，在老教师的要求下，只好把这座雕塑放在学校一个僻静的角落里。

没想到，雕塑越是"藏起来"，学生们越发好奇，有几个男生悄悄躲到女神旁窃窃私语，而后"被批评"的情形可想而知。当我出差回来后，急忙再次请来吊车重新吊起女神，将其放在敞亮的华宇池边。依然有男、女生在女神面前驻足欣赏，有的抚摸她的身体，有的小心地碰碰她的手……现在，女神健美的双腿被学生触摸得发亮，但孩子们面对光明正大的美时，眼神里不会有邪恶，他们正在和女神发生着属于他们自己的故事。

当清华美院院长来附小时，感叹于学校的美轮美奂，更惊叹于著名雕塑家的这件人体艺术品竟然在小学里安家。当我把女神搬家的故事讲给他听的时候，他握着我的手说：人体本来就是美的，为什么要担心学生？要让孩子们大大方方地面对美，学会审美……

现在，清华附小已经是一步一景。且看校门口第一景："彼此的抵达"；穿过梧桐林荫大路后，走进第二景："知识之门"；再走进"我们的家园""福寿之园""鸣鼓论道""桐荫乐园""人文科学""水木之夏""春华秋实""竹林小憩""丁香书苑""凝固的风景"……这些藏在校园里的文化景观，只有亲临才能感受其妙处，文字总有言尽之时。

灰色的建筑群，花草树木、飞鸟鸣虫……每一个角落都能让学生游戏，每一座雕塑都与学生发生着故事，清华附小成了生态田园、儿童乐园、书香校园、人文家园。感恩上苍，感谢教育，让我们能在清华园沐浴自己，让我们的师生能幸福地在这里成长。作为一个教育者，我们该怎样珍爱它？怎样享用它？该怎样用我们的智慧与高尚善待这位"老母亲"呢？

附小人精神皈依的园子

在这样美的园子里，爱美的我已经改穿了平底鞋。只要得空，我就要围着校园的角角落落转转。有时我钻进花丛拔掉杂草，有时我把爬山虎的枝干轻轻扶上墙，有时跟着管园林的老大爷一起浇水，有时拿根小绳绑直树干……

当校长，我最愿意做的事情是种树、种花。松土、拔草、踩实、浇水、修剪，我都跟着做。也许是我在山里长大的缘故，那种感觉带给我的舒服与平和，无法用语言表达。除了浇灌校园里原有的一棵棵高大的白蜡、梧桐、白杨、国槐、垂柳……我还带领老师们在校园里种了100多种花草树木：五棵高大粗壮的法国梧桐，五棵"松中皇后"白皮松，五棵加拿大红枫，六棵开红白粉色花儿的海棠，临水而栖的竹林，色系缤纷的玉兰，以及栾树、银杏、七叶树、鹅掌楸、石榴、紫薇、丁香、腊梅、连翘、玫瑰、地锦、万寿菊、牵牛、玉簪、鸢尾……

我发现，在什么都可以"催生"的现实面前，唯独你眼前的一棵棵树，那么平静安详，不急不躁，一点一点慢腾腾地长，似乎从不与命运追逐。谁也没

开花的树

有看到哪一天,哪一根枝条是怎么抽出的,哪一片叶子是怎么延展的。然而,四季轮回,岁月见证,它们已经枝繁叶茂,绿荫参天!学校的生长又何尝不是如此?学校应当轰轰烈烈、蓬勃葱茏,但支撑这一切的背后的力量,是我和团队如抽枝发芽般的坚守、等待与陪伴。

倘若你漫步清华附小的校园,你会发现这里有温情、有故事。写这些感受的时候,学校福寿园的小白菜已经可以吃了。瞧,五(3)班的同学和正、副班主任正在商量着,新一轮的播种又将开始……

夜晚,望着种下的一棵棵花草树木,总会情不自禁地翻涌一些感受,仿佛这些不会说话的大树能够懂得我的倾诉:陪伴,等待,耐心,希望。于是,看校园里的一草一木、一亭一阁的状态,逐渐涵养了我看教师、看儿童的心态。我感悟到,大树的生长,即学校的生长……

从建筑设计者的园子,到教育者的园子,再到附小人精神皈依的园子,我们懂得了必须让儿童站立在校园的正中央,校园文化建设因儿童才有了别样的

长满书的大树

文化意义。在这里,学生、老师们和我,包括从这里走出去的所有人,都将带着清华附小的特殊印记。一切生命在这个园子里都可以画出属于自己的年轮,如我们附小树上的那些鸟窝、随意在学校里停驻的喜鹊、晚上来校园休息的猫一样的惬意……这个园子将成为我们的精神家园,在未来的人生路上又几度梦回。

细节二 儿童之美——只拣儿童多处行

儿童是学校存在的全部意义，让他们每一个站立在学校的正中央，为其聪慧与高尚的人生奠基是我们的使命。而作为一位校长，我又能为全体儿童积什么样的功德呢？

也许因为自己是位女性，也许因为从小生长于大山里，也许因为当了太长时间的语文老师兼班主任……直到做了校长，我才发现自己之前的经历都已成为"基因"，深深地烙印在学校管理的一切言行中——离不开率真本性，离不开教师本色，更离不开总想为孩子做点儿什么的母性……

每天早上的迎候：一种持续和稳定的关怀

真切的关爱是更女性化的管理方式，它已成为阳光般的纽带，将教师、学生、家长和学校连接在一起，形成了无限信赖的合力。

我曾在书中读到苏霍姆林斯基每天早晨五点半起床给孩子们写童话、编教材，八点钟伴着灿烂的朝阳，迎接每一个学生的故事，非常感动。2009年，我荣幸地参加了纪念苏霍姆林斯基诞辰90周年的世界性研讨会。当我踏上乌克兰的土地，站在帕夫雷什中学门口，再回忆书中读到的这一情景时,我的心又怎会仅仅停留在感动层面?我在思忖,如果我做校长,一定要像苏霍姆林斯基一样。

行政意义上的校长,因为工作忙碌,所以与儿童直接接触的机会减少,很容易与儿童产生隔膜,这让以"派往儿童世界的文化使者"自诩的我多少有些恐慌。我认为,作为教育学意义上的校长,他必须像苏霍姆林斯基一样,天天与儿童打交道,认识、了解甚至熟悉学校里的每一个儿童。于是,每天早晨,我披着清晨的霞光,站在学校门口迎接每一个学生走进校门,很少间断。有时我出差,学生们几天没有看到我,回到家里就会跟家人说:"今天没有看到窦校长……今天又没有看到窦校长。"孩子们把每天在校门口看到我当成了一种期待。这些年,全校大部分学生的名字我都能叫上来,甚至有些学生遇到我,总要跟我聊上一会儿。在我的带动下,学校的相关教师,甚至学生、家长义工,每天早晨也会站在路口或校门口行鞠躬礼、竖大拇指,互相问候与赞美、击掌与拥抱。走过多少个清晨,就会有多少个故事。

一天,某个学生的爸爸急匆匆地来到我面前,高兴地说:"我说嘛,您肯定就在这里。我赶紧跟您说说,启程楼二楼男生厕所漏水,您赶紧去看看。这是我孩子今天早上醒来突然对我说的他昨天的发现。"类似这样的事情还有很多,送上一封表扬信,咨询教育的一些事情,直接跟我交流讨论学校的办学理念——就这样,早晨的守望,还成了我与家长们沟通交流的时间。

每天早上,当一张张笑脸扑面而来的时候,我似乎吃到了最好的营养品,得到了最大的鼓励红包,所有的疲倦都抛到九霄云外。当这种守望变成一种习惯之后,如果某一天早上来不及到校门口,那么我这一天就好像缺少些什么。早晨的迎候,成了我做校长每天必做的一件事。

手写校长奖颁奖词:与儿童心灵的对话

女性化的领导方式更关注细节和心灵感受,更善于通过尊重、赞美、激励等方式,拉近彼此的距离,从而将刚性的权力管理演变成更有优势的精神凝聚。

做了校长,与儿童的接触间接了许多。我常常思考,该怎样给学生留下难忘、珍贵的童年记忆,并使其成为不同于其他激励内容的、促进学生成长的不竭动力呢？我想到了写"亲笔校长奖"。我亲自设计了一张体现我的风格的奖状：紫色背景，印有清华附小的标识，正面只有学校印章，其余全是空白——供我在上面密密麻麻地书写。我要努力寻找每一朵花的不同芬芳，用赞美与鼓励去呵护这些娇嫩的花朵——尤其是那些从来没有在国旗下露脸的儿童，那些在班级里没有机会展示的儿童，那些特需的、哪怕有一点点进步的儿童，只要是我遇到的，或者通过班主任了解到的，我都会挤出时间为他们书写奖状。

奖状的颁发有随时的——每次升国旗时，都会有一个颁发校长奖的仪式；有定期的——开学典礼、期末结业式、毕业典礼或入队仪式上等等，每次颁发奖状时，我都要捎带送上自己准备的一份礼物，特别赠送给孩子们。

几年来，我已经亲手写下了两千多张奖状，每一份颁奖词都是独特的、个性化的，都是我与每个儿童心灵的对话。这些获奖者有"千里走单骑"的黄翰林，有环卫小天使何秉原，有"小小法布尔"李嘉华，有怀揣中医梦想的许馨

亲自书写校长奖颁奖词

校长奖

元，有走向世界的附小代言人徐鐾诚……在一次家长会上，有一个从新疆转来的学生的家长，紧紧地拉着我的手，一遍遍地诉说女儿获得校长奖后全家人的感动，并且告诉我，女儿对颁奖词早已熟读成诵，如今，奖状就挂在他们家客厅最醒目的位置。一张校长亲笔书写的奖状，一份独一无二的颁奖词，也许在一个儿童心里、在一个家庭中就埋下了希望的种子。

陪伴才有感情，也许是这种真诚的交往、真情的付出打动了孩子们，令我终生难忘的是，孩子们也开始给我颁发奖状。当年三（5）班的张紫桐亲手制作、书写了一张奖状，一定要颁发给我；二（4）班的周佩然在学校环保袋手绘活动中，在袋面上亲手绘下了她心目中年轻、微笑的窦老师……我把学生颁发给我的这两张奖状摆放在自己的办公室里，只要有机会，我就会炫耀一番。这份特殊的鼓励比我获得什么荣誉都珍贵。

为孩子们手写并颁发奖状并非赋权，而是激励、尊重，是滋润儿童高尚心灵的另一种意义上的领导力。只要爱在细节，我与儿童都将在这温润的感动中获得生命的成长。

用"全阅读"点亮"照耀儿童成长的灯塔"

优秀的女性领导者长于将理性思考与感性行为相融合，她们更注重在良好氛围的营造中推进改革，其柔性化的领导方式更容易被理解和接受。这对形成和谐的组织文化有很大的帮助。

小时候，我住在大山里，我的阅读史是从看小人书与家里墙壁、棚顶的报纸开始的。自从我当了老师，尤其是语文老师，我就发愿：要让读书成为我们必需的生活。于是，我用"小学语文主题教学"的主题来牵一发动全身，一篇带多篇，一课带一本，引导学生一本本地阅读。由于我致力于亲近母语，培养学生"做有根的人"，后来我不但被评为特级教师，还深得家长和老师们的喜爱。我感恩学生带给我的荣誉，同时也坚定地认为，作为中国人，博大精深的中华优秀传统文化是我们在世界文化激荡中站稳脚跟的根基。

做了校长后，我开始思考，面对学科与知识教学碎片化严重的现状，怎样为儿童减负，真正化零为整，实现学习效果的最大化？我下定决心，要不惜代

读书是甜的

价为儿童提供最丰富、肥沃的阅读土壤,让他们像花儿一样绽放,像树一样茁壮!于是,我把"主题·整合"理念及策略迁移到学校层面,构建了基于清华附小学生素养的"1+X课程"体系与实施路径。其中有一个重要的理念与策略,就是通过阅读,整合提升不同学科的素养,提升清华附小学生整体的阅读品质。

于是,我随时"化缘",寻找图书经费,让学校各个角落成为图书角,而整个学校就是图书博物馆。走廊里、窗台上、班级门口,以及每个班级的黑板下面与墙角处都有书架;学校还在各个楼层设置电子阅读屏幕,让学生进行触摸阅读。我经常会带着明信片或贺卡奖励那些每天去图书馆阅读的儿童;周末我们会为孩子们提供"亲子阅读"的机会,同样我也会带着"甜"的礼物奖励他们。有趣的是,经常也会有学生让我签名留言。只要学生随时阅读,我们就会不断地激励他们、奖励他们。尤其是学校的各种活动,用经典图书进行奖励已经成为惯例。

当校长后不能亲自带班了,但我并未离开课堂,仍然用阅读课来亲近儿童。我利用儿童每天的读书课或学校的主题阅读课上示范课……还带领老师们逐年确定儿童每学期必读、选读的书单,精心研制、不断修订的清华附小阅读书单,充分体现了我们所追求的现代与经典、中西方文化的融合对于培养儿童核心素养的价值和意义。我们努力改变"阅读课外化"的倾向,将其转变为"阅读课内化、全科化"。在课时设置上,我们要求语文、数学、英语、科学、艺术等学科,每周要有一节主题阅读课来完成必读书目的阅读。可以想象,对于数学、

窦桂梅校长执教主题阅读课《牛郎织女》

科学等学科的老师们来说，这是多大的观念转变与教学挑战！当然，期末我们还要通过多种方式检查学生的阅读是否有效。

我们以"用国学经典与中西方儿童文学两个灯塔照耀儿童"的教育理念为指导，在学校形成了"天天有吟诵课，周周有阅读课；人人吟诵经典诗篇，人人阅读经典名著"的氛围。比如：每天 7:50—8:00，学校有 10 分钟的"日有所诵"；在学校一年一度的"儿童国际阅读论坛"上，我们邀请中外著名作家、儿童文学研究专家到清华园与儿童相见……阅读在清华附小的每一天、每一个角落落地生根。

把体育作为核心课程：让学生的"健康"真正落地

女性领导者往往会将自己置身于事情之中，与师生一起"嗨起来"。她们更重视在陪伴中激励，在共同经历中推动理念的落地，进而形成精彩的学校文化。

我真正认识体育，是当了校长之后。随着对清华附小百年历史的挖掘，我了解到马约翰体育精神是清华体育教育传统的体现，1927 年，身为清华附小校长的马约翰，把"爱体育"化为了附小孩童的基因。在我的建议下，学校运动场上树立起他的塑像，体育组被命名为"马约翰研究室"，大操场被命名为"马约翰运动场"……

在马约翰精神的感召下，我们将"每天锻炼一小时，为祖国健康工作五十年"的清华号召转化在学生每一天的行动里。我们把"健康、阳光、乐学"作为儿童在小学六年成长的外显样态，其中"健康"这一核心要素被放在了首位。那么如何让"健康"理念落地？这就要整合其他学科，腾出时间开展体育活动。为此，我们提出把体育作为学校的核心课程。

针对儿童的特点，我们确定了体育课程"有趣、出汗、安全、技能"的原则，其中，"每天体育三个一"，即每天一节体育课，每天一个健身大课间和一次"晨练微课堂"，每个学生一个体育自主选修项目，已经成为清华附小课程整合的标配。早晨的"晨练微课堂"上，我经常用买牛肉干等方法激励孩子们去操场"嗨起来"。每天早上 7:15—7:40，几百人，有时上千人在操场上踢足球、打篮球、练习轮滑、打乒乓球、打板球、打棒球、打网球……在体育必修课上，学生们打破班级界限，根据爱好组成新的班级进行学习；在体育自主选修课上，学生们更是完全按照自己的兴趣爱好选择项目，由此，体育自选课成了孩子们的最爱。

清华附小把足球纳入体育课程更是引领了改革的方向。我们不仅将足球作为每个学生必修的特色课程，而且将足球运动中所体现的文化和精神作为培育具有顽强意志、刚毅品质、团队精神与国际视野的现代公民的重要载体。因此，在2014年巴西世界杯到来之际，清华附小举办了自己的"世界杯"：40个班级分别代表不同国家参赛，学生人人参与，男女共80支球队；孩子们各显神通，通过邀请外国大使馆参赞、外国"国脚"等各种方式展示各自国家的足球文化

班班都有足球队

及风土人情……而每当孩子们胜利后跑到场边，我一定冲上去与他们合影留念，他们也一定要与我击掌庆祝，表达内心的喜悦。

2015年1月底，我和部分老师带领足球社团的16名队员，前往阿根廷甲级俱乐部——博卡青年队进行了为期20天的集训。作为一名"战地记者"，我在场上抢拍了很多孩子们训练及与阿根廷少年队进行比赛的镜头，甚至还有两次机会作为运动员上场参加比赛。我与孩子们每天一起升旗，一起吃足球餐，给他们逐一批改日记。那些天，期待我的作文点评成了小运动员们每天中一个有意义的项目。

精彩的体育文化背后，付出的也是加倍的艰辛与努力——把晨练，把每天的体育课、体育项目等当作课程固化下来的过程中，需要有对体育精神的坚定与信念，需要全体教师和家长在观念上的认同与行动上的支持，还要考虑安全这把隐形的剑。但是，想到孩子们的成长，想到我为孩子们做的这些，我还是有些"自喜"与"自得"的。

把戏剧课纳入课表：让儿童站在教育的中央

女性领导的共情优势，一方面体现在其更加"善解人意"；另一方面则体现在她们更愿意与学生、教师、家长"同呼吸，共命运"，由此在学校塑造一个"价值共鸣"的情感共同体。

随着学校"1+X课程"整合研究的不断深入，以及对基础教育小学阶段特点的深刻认识，我越来越觉得儿童学习需要更多的游戏性、体验性。

我们发现了戏剧这个载体。在美国的课程设置里，戏剧是每个人都参与的必修内容之一，我国台湾的戏剧课程发展也比较迅速。我们发现，戏剧教育最重要的意义在于孩子们的角色体验感，以及情绪的有效控制与表达。而这对成长中的孩子来说意义重大。在参与戏剧演出的活动中，孩子们尝试与他人建立联系，感受个体与集体之间的关系，由此弥补现有课程中"交往教育"的缺失。另外，戏剧教学还体现了对学科的整合，其中对故事情节的理解、对台词的处理，以及根据剧情需要进行形体表演、歌曲处理等，都需要孩子们全方位调动感官，再有控制地表达出来，对学生综合能力的发展起着积极作用。

有了这样的思考，我们借着作为海淀区小学"课程整合、自主排课"实验项目学校的机会，优化整合其他学科，用戏剧方式展开教学。我们将一至六年级每周五下午的 90 分钟设置为戏剧课时间，隔周一次；然后分低、中、高三个年段，聘请相应专家和团队帮助教师制订课程计划，落实方案，逐步推进……学校由此形成了班班有戏剧、人人都上台的局面。在实施过程中，我们也遇到了各种各样的困难，比如：由于学生人数多，班级授课不能兼顾到所有孩子，从而影响教学质量等。为此，我们聘请家长作为志愿者，参与到班级授课中，不仅解决了教学中遇到的问题，而且为家长配合教师做好班级工作架设了一个平台。

一年一度的戏剧展演开始了，我和家长们一起在台下观看每个班级的演出。《新木偶奇遇记》《猫》《夏夜多美》……孩子们在剧中的表现，都给我留下了深刻的印象。戏剧教育太奇妙了。舞台上孩子们的每一个站位、每一句台词、每一段背景音乐与动作的完美契合，背后是每一位孩子的投入与付出。由于我站在出口位置，每次孩子们演出结束走下场时，不论他们的戏有多少，我没完没了、不厌其烦地跟他们击掌，并不时地夸奖、点评每一个演员，以至于好多家长偷拍了我不停地竖起大拇指的特写镜头。戏剧演出结束后，家长们陆续给我发微信表达他们的感受。一位妈妈给我发的微信是这样写的：

"窦校长啊，我感动地想哭……我们感到，孩子们的成长已经远远地超出了家长们的想象。当我们还在充满担心的时候，他们早已经学会了倾听，学会了包容，学会了独立，学会了如何用稚嫩的肩膀承担起团队的责任和荣誉。感谢附小能将孩子们放到舞台的中央、教育的中央和他们未来人生的中央！"

正是这些经历，让我感受到戏剧在孩子成长过程中的重要作用。戏剧是课程整合的重要载体，意在构建儿童的第二重生活。儿童的人生在戏剧里——为此，我们还要为孩子们去改变、去创造！

让考试变成嘉年华：真正实现"乐学"目标

女性领导更愿意以基于学生视角的改变为目标；更加重视创意；改革的推进基于充分授权后的尝试与探索，而非强制推动……

在学校强调课程改革的今天，当学科内整合、学科间整合，甚至超学科整

百年大戏《丁香花开》

合成为清华附小的课程样态的时候，我们的评价方式该怎样整合？

多年前，我曾带领语文教师进行语文主题教学的考试改革，即分项与综合、过程与阶段性等方式的结合。于是，就有了儿童每学期的"百字过关""诗词过关""书目过关""作文过关"的分项过程性记录。尤其是"百字过关"，学生可以通过几次过关来实现"一手好字"的目标。最后是阅读测试的综合检查，再加上平时记录的《综合测试手册》《年级主题护照》，最终累计出学生的期末成绩。数学团队也有了口算记录、情感态度、项目研究和综合测试的结合。

但是，这种考试中更多的内容还是以知识检测为主。这种改进更多的是改良，还不是改革。这让我想到了我们在一年级尝试的幼小衔接的"乐考嘉年华"。

最初，这项方案由负责低年段的傅老师提出时，负责人员还有些担心。但是，为了儿童，我们是思前想后考虑周全了再做，还是在做中实践、思考提升？为了进一步开创学校期末考评改革的新局面，我们认为，"边打枪，边瞄准"是个办法。一年级期末"乐考嘉年华"就这样启动了。

我们安排了七间教室，外加闻道厅和联盛馆，都布置成了"考场"；老师们设计了"拼音对对碰""字形小魔术""乐读天地""挑战金话筒""丁香花朵朵开""串珠谁最棒""成双成对蹦蹦跳""TRP动动动"以及"英语对对碰"等九项闯关游戏。"开考"那天，我跟着学生队伍，仿佛参加嘉年华闯关的一员，走

乐考嘉年华

过一间又一间教室。每到一间教室，迎面而来的是孩子们洋溢着的笑容，以及嘴里不停地说着的"太好玩了"的兴奋。甚至有的孩子问我："窦校长，您也来啦！咱俩比比谁厉害？"我问："感觉如何啊？""有意思，您瞧，我已经完成好几项了，都是'大拇指'印章呢！"

这真是一种别出心裁的考试形式。而这看似轻松快乐的嘉年华，背后是一年级所有教师的辛勤付出。从考试形式的确立，到每张任务卡上试题的设置，到嘉年华场地的布置，再到考试结束后对学生知识与能力的评价，每一件事情对老师们来说都是一次挑战。

活动结束后，很多家长纷纷在班级或年级微信群中留言。一（6）班陈思宇的妈妈这样写道："今天，我有幸作为家长志愿者参与'乐考嘉年华'，才发现，之前家长们的担心真是多余。我们负责'丁香花朵朵开'的闯关项目，这个项目需要两个小朋友合作完成……不管能力高低，每个孩子都是积极参与、认真思考，努力完成游戏。再看每对合作的小朋友，他们互相配合、互相帮助，即使暂时没有成功，也不埋怨对方；有的小朋友还很体贴地帮搭档拿东西。当完成游戏项目时，有些小朋友会主动把扑克牌摆放好……"

孩子们也兴奋地表达了自己对"考试"的感受："'乐考嘉年华'很有趣，感觉就像旅游，去不同的地方，有不同的游戏等着。""上学太好玩了，尤其今天特开心，每一个表格中都是'大拇指'……喜欢上学，喜欢老师，喜欢学校！"……

每个孩子都沉浸其中，真正做到玩了、学了、乐了。这也正是清华附小寓教于乐的"乐学"培养目标的真实体现。这一突破与创新，不仅仅是给孩子们带来了考试形式的变化，更是附小教育观和价值观的体现，真正践行了学生站在学校正中央的教育理念。

水木秀场：每个儿童都是一门独特的课程

四季轮回，我们面对的每一个儿童都不一样，甚至儿童每天、每时的面孔都在发生变化。我常想教育应当是具体的，具体到每一个孩子，具体到他们每一个人每天的喜怒哀乐。于是，为每一个儿童设计课程，成为我的愿望。

作为校长，学校 1800 名学生，我大多能叫出他们的名字。每个班里那些需要我们特殊关爱的儿童，我都知道他们的故事，我和他们之间也有故事。

就说说抱着舞鞋睡觉的小姑娘门鹭彤吧！我跟着舞蹈团出去比赛的时候，发现了她。在团里，她一点儿也不打眼。长得黑，干瘦，个子也不高，别说在舞蹈团漂亮姑娘多的地方，就算在班级里，她也是长得很普通的一个，并不是我们印象中长得好看、身材比例又好的跳舞女孩的样子。凡是跳过舞的人可能都知道，舞蹈教室三根把杆，中间是最好的学生用的，靠窗户这边是第二档学生用的，其他人就靠在钢琴这边的把杆。门鹭彤起初就在最靠近钢琴的这根把杆旁。她内心渴望着换一根把杆，哪怕靠窗户的那根也行。有一次训练，她偶然站在了中间把杆旁，但刚做了几个动作，就被老师叫过去，让她换一根把杆；又做了几个动作，就被叫到了钢琴旁边的把杆了。小彤心里难过，低下头，眼泪和汗水一起滴下来，落在舞鞋上。我和她一起聊过《丑小鸭》的故事，她牢牢记住了，她告诉我，就像丑小鸭喜欢在水里游的感受一样，她纯粹地享受跳舞，跳起来就是她最快乐的时刻，她相信有一天她一定能成为舞台正中央的"白天鹅"。

低年级时，因为兴趣，还能在舞蹈团跳着。等在舞蹈团练了两年之后，更令人难过的事情来了，原来，她不仅不具备好的外形、比例，她的韧带还不好。常常是今天压下去的腿，明天就回去了，好像有意跟她作对似的。看别的同学轻轻松松地压腿、下腰、开胯、绷脚背……而她却做不到。为此，她也曾躲在舞蹈教室的角落里，默默地掉眼泪，也曾埋怨父母怎么遗传给了自己这么倔强的韧带，也曾望着空空的舞蹈教室，想要放弃。但终究还是舍不得。在放学路上，我跟她聊，鼓励她既然喜爱，就追随内心，付出更多努力。我还嘱咐她的班主任一道帮助她，舞蹈团排练落下的课，老师们帮她补。每天清晨，舞蹈团训练的时候，她在训练；每天中午，别的同学在午休，而她做好了作业，又攥着舞蹈鞋去舞蹈教室训练了；等到放学，她放下书包，穿上舞蹈鞋，又开始了一天中最辛苦、也最享受的排练，一练就是两个小时；等到回家，她还约上小伙伴一起练。为了让开胯变得轻松些，她让同学扶着把杆，轻轻站在她的两个膝盖上，再慢慢往下一点点踩下去。那种疼是柔韧性好的孩子都难以忍受的。她咬紧嘴唇，调整呼吸，一点点适应，一点点舒展。她的父母见了，心疼不已，劝她不要再学了。但她怎么也不愿意，虽疲惫不堪，但瘦小的身体里，却充满了继续跳舞的力量，相信自己能行的力量。晚上，她定是抱着自己的舞鞋睡下，梦中也是对新一天排练的期待，对每一点进步的期待。

这一跳就是六年，这一跳从不合格到卓越，这一跳从技术升华到了艺术，这一跳就把自己的身体和精神雕刻成了一道风景：什么后桥脸、前桥、后软翻、单手侧手翻、前桥脸、元宝跳、紫金冠，甚至连续双飞燕的动作，以及空中劈叉、双人舞高把位托举的成人动作都不在话下……这一跳就获得了中国舞等级考试九级证书。

担任舞蹈团的团长后，她带领队员从独舞的娇艳，到领舞《飞》那只小鸟的"肢体柔软"，到《黄河》抖腕的力量，《茉莉花》的唯美舒展，到芭蕾舞《保卫黄河》腾空三米的跳跃，到藏舞《新学校》令北京专业评委的惊叹，以及这个领舞的学生是否藏族的追问，她把清华附小的舞蹈带到了金奖的高位，她一次次带领舞蹈团队绽放在英国、澳洲、法国等世界舞台上……

回顾对门鹭彤的关注和教育，我自身也受到了教育，这个案例提醒我再回到教育的本身。我们真正尊重每一个儿童了吗？所谓尊重，首先可能是尊重他的热爱，不违背儿童个体发展的内发兴趣。回到教育的本身，还原真实的尊重，还原真正的教育，这样，儿童才是儿童，教育才是教育。

细节三　管理之美——
陪伴，是最长情的告白

拥有教育理想的同路人

每天太阳从东方升起的时候，就是学生忙碌地准备上学的时候，也是我尽早来到学校的东门，一如既往地迎接他们的时候。当最纯粹的笑脸与问候迎面而来的时候，当校长的那些压力、百般无奈都被这温暖的微笑、真诚的感谢、由衷的赞美、贴心的陪伴消解了……

儿童，要站在学校正中央，背后必须有一支能够撑起学生成长的教师队伍。在清华附小做教师很不容易，在清华园里做小学教师更不容易。不过，正如《清华附小办学行动纲领》里写道的，"选择了清华，就选择了一生的责任"。我们拥有共同的理想，把学生的成长当作最高荣誉，努力用敬业、博爱、儒雅成就每一位学生，努力让学生以健康、阳光、乐学的面貌和姿态站立于世界。每位拥有责任感的清华教师，都努力在每天的新常态生活中，寻找教育价值和专业尊严。因此，我们很努力，很努力。尽管我们能力与精力有限，尽管我们是有缺点，并不完美的教师。当校长要付出的精力与代价实在太多，自己的局限与挑战实在太多，凡事不可能尽善尽美，但既然选择了，就努力心怀感恩，常知愧疚，卓越攀行吧……于是,作为有着从成志学校到成志教育历史的百年老校,我们努力将理想与抱负化作意志与品质,最终落实为实践与行动。于是,我们依然竭尽全力做英才济济的清华园里让人尊重的附属小学教师,万众瞩目的文明之都的北京小学教师,日新月异的新兴大国的中国小学教师……这份立志与意志,在我看来,就是陪伴。

具有实干精神的共同体

研究是一种快乐

陪伴,让安静的校园里,过着沸腾的生活。在日复一日的校园生活中,我和管理团队以及课程管理骨干,经常模糊下班概念,不断地研讨再研讨,反思再反思,优化再优化。没有课程作为核心竞争力的学校,犹如没有指挥的乐队。为此,清华附小近五年来一直在"小学语文主题教学"理念的引领下,进行基于核心素养的"1+X课程"整合。然而,究竟该怎样整合,在课改的初期,老师们心存疑虑。怎么办?"别担心,我们和你在一起",这是我们经常送给师生的一句话。管理者要带头研究,开放自己的课堂。于是,我为老师们上了《皇帝的新装》《大脚丫跳芭蕾》《阿长与〈山海经〉》《威利的奇遇》等学科内整合、学科间整合,以及消弭式整合等三种类型课。那些争得面红耳赤的场面,那些围坐在一起磨课的日子,都成了岁月美好的刻痕。在清华附小,没有单纯的管理者,每个人都是"双肩挑",但就是在这样接地气的过程中,管理者和老师们一步一步将最初的课改设想变成了现实,至今,基于清华附小校本核心素养"1+X课程"进一步整合与实施的脚步,一刻也没有停止……

陪伴,让班级的每天,过着新常态的生活。我和管理团队发明了"一日蹲班听课"法。管理者每周一次,到一个班级中进行一日蹲班。这一天里,管理者要在班级里听当天所有的课,和孩子们一起完成各项学习任务,甚至午餐也要和孩子们一起吃。用这样的方法,管理者能够全天候经历一个班级一整天的生活,然后进行座谈交流,反馈闭合,让管理者能够想师生之所想,急师生之所急,随时随地发现问题、解决问题,让学校生活中的每一个细节实现常态下的最佳化。

携手教师团队的每一个

陪伴,让彼此的胸中常常涌动着澎湃的"福流"。每一个孩子背后都站着一个家庭,每一位教师背后也都有一群学生。学校管理要尽量让阳光照到每一个角落。M老师是典型的90后,家境甚好、颇有侠气,但常控制不住情绪,遇到不顺心之事,或大发牢骚或叫板。曾经一度觉得小学老师层次与工资太低,要

团队中共生长

辞职独闯天下。但他身上有一种小学老师的气质，每每看到他和学生"滚做一团"时，感觉到他的率真与可爱；每每看到他周末领着孩子们做项目研究时，感觉他舍得花时间陪伴学生，作为年轻人实属难得。怎么办？给他制造一个关键事件。在全国研讨会上，我提供机会给他，并邀请他的妈妈来听课。妈妈坐在台下，看到儿子在近600人面前精彩绽放。课后，我和同龄的M妈妈见面互相拥抱，一起夸奖在我俩面前的小M。此时小M一脸兴奋。他妈妈激动地感慨，做小学老师原来可以这样帅，学校竟然这样大胆地给这个不安分的年轻人提供舞台，如此不离不弃，儿子不珍惜这样的环境怎么可以？从此，这个年轻人，在我们两个"妈妈"的"掌控"与陪伴中，那颗不安分的心稳定了下来，并发愿永远跟孩子们在一起……在校园里，许多像M一样的男教师也想"逃跑"，但我们使尽浑身解数、用各种爱的"福流"温暖着他们，影响着他们，感染着他们。

"陪伴，让我们彼此牵挂。"陪伴，是一团熊熊燃烧的火焰，照亮了每一个师生的理想抱负，照耀着每一个师生的精神家园。除了跟老师一起备课，参与班主任管理，我们还借助微信群现场直播，进行沟通互动，直接地、零距离地参与当时情境。除此，还经常倾听老师的家庭困惑、帮助老师的孩子上幼儿园及上中学，过生日送上温暖的微信，甚至隔三差五给大龄老师介绍对象……每一个人背后都有一个不同于他人的生活故事，你必须想尽办法，帮助他们认同一个价值观下的清华附小。而这看似浪费个人许多时间的事情，获得了老师的心疼，学生的喜爱。赠与我们的一沓沓自制贺卡，就是对我们最好的回馈。真的，一个人可能走得很快，一群人才能走得更远。因为陪伴，我们努力实现心灵的彼此抵达。因为陪伴，一支学习型、研究型团队业已形成。因为陪伴，我们的管理走向日益无痕，我们的教育走向日渐本真，变得温暖又温情。有一位老师这样写道：

窦老师已经不蹲我的课堂了，有一天坐在她对面吃饭，她说："脸上的斑怎么多起来了？注意身体。"还有一天，我和她一起坐在小马扎上听课，她说："何啊，已经是孩子妈妈了，该成熟了，把个性收一收。"还有一天，她翻箱倒柜拿来几件自己的衣服，硬塞进我的手里，说："这件衣服好看，你拿去穿吧。"

我背过身，掉下泪来。亲爱的窦老师啊，您最喜欢园子里的喜鹊，它们那么勤劳，在高高的大叶杨树上做窝。我愿是那喜鹊，没有您，没有附小，哪来我在北京的家。

每天的太阳照常升起，而我们的境界已然不同。我和我的老师们继续以温暖而专业的守护，做好学生成长的引路人。日出而行，日落而归。每一秒钟，都将深情地注视着孩子，每一秒钟，都将被孩子们仰望的目光注视。我们是孩子心目中最高大、最完美的成年人。我们将无处不在，有求必应，有问必答。我们是站在一个生命从花朵到果实的路上的陪伴者，以孩子们人生引路人的姿态，不知疲倦地站在他们人生最重要的驿站上，指引他们奔跑的方向。

这里，且不具体说清华附小是获得国家首届基础教育教学成果一等奖的老师们的荣誉，也不具体说学校是如何追求"一所大学里的小学，小学里的大学"的，也不展开我们学业质量第三方的调查数据，这数据正是清华附小教师"敬业、博爱、儒雅"最引人注目的标签。我想，对于清华附小今日的面容，有历史与现实的雕刻，更是教师和家长共同塑造的成果。

我知道，永远这样做下去，很累，很累。而我们的荣誉是孩子们虔诚的仰望和无与伦比的信赖。和我们全天候的劳累相比，和我们的寂寞与清贫相比，和这个时代五光十色的名利相比，这份务虚的赞美有点让人心酸，但世上有一些话虽是大话，也是实话。比如鲁迅先生说，"谁塑造了孩子，谁就塑造了未来"，这就是一句虽大却实在的话。某种意义上，我们就是在塑造这个国家的未来，塑造它的气质和内涵。因为我们深知，选择教育就是选择修炼的过程。我们深知自己并不完美，但我们懂得自觉地努力再努力，修炼再修炼。

就像每次开学时清华附小全体老师的郑重誓言：我是清华人，努力用敬业、博爱、儒雅成就每一位学生，把每一位学生的成长当作我们的最高荣誉！

念念不忘，必有回响。

我愿意，选择了清华就选择了一生的责任。

我相信，成志教育，必将照耀儿童的一生。

附 录

学校典型建筑

学校介绍

　　清华大学附属小学，坐落于全国著名高等学府——清华大学校内。附小由水木之夏、丁香书苑等十二景观构成，是一所树木繁茂、鸟语花香的园林式学校。清华附小的前身是"成志学校"。成立于1915年，专为清华教职员工子弟求学而设，清华大学冯友兰、朱自清、叶企孙、马约翰、潘光旦等著名教授曾在成志学校先后被委任校董事会成员。诺贝尔物理学奖获得者杨振宁博士曾在这里学习。

　　1937年抗日战争爆发，清华大学被迫南迁，成志学校随之南迁，在西南联大度过了艰苦的岁月。1946年秋，清华大学由昆明迁回清华园内，1946年12月12

日成志学校复校开学。1952年8月，成志学校中学部和小学部分离，成志学校小学部则更名为清华大学附设小学。1960年，正式更名为清华大学附属小学。

2002年，学校提出了"立人为本、成志于学"的校训，确定了"为聪慧与高尚的人生奠基"的办学理念。在教学改革方面，推广全国著名特级教师、时任学校副校长窦桂梅提出的为生命奠基的教学理念，并提倡"三个超越"：学好教材、超越教材；立足课堂、超越课堂；尊重教师、超越教师。在一代又一代校长、教师的共同努力下，附小得到了长足发展。2010年11月，窦桂梅担任清华附小校长、党总支书记。清华附小步入全面开放、快速发展时期，学校逐步迈向卓越。2011年6月，学校开始了抗震加固工程，并以抗震加固为契机，进行了校园文化建设。如今它已经成为一座有着七大建筑、十二大景观的雅静、温润的书香校园，2012年获得"海淀区小学校园环境先进校"荣誉称号。2011年，清华附小首次走出清华园，走进CBD与朝阳区合作办学，成立了清华附小商务中心区实验小学。窦桂梅校长带领全体教师制订了《清华附小办学行动纲领》。该纲领诊断学校现状，引导全体师生的行为，构建学校提升空间，为学校各方面工作的发展提供指导。在校长窦桂梅的引领下，学校初步建立了师德高、教艺精、底蕴厚、发展快的研究型教师团队。在整个团队的努力下，学校正进行"1+X课程"育人模式的构建与实施，开创了学校课程建设的新时期。先后获得"北京市课程教材改革一等奖""国家基础教育课程教材改革试验项目学校"，以及北京市教育科研先进学校、北京市基础教育教学成果一等奖、北京市教育科学研究优秀成果二等奖、海淀区科研先进校、"海淀区小学课程建设先进校"等荣誉。

2013年5月22日，清华附小召开"1+X课程"体系建构与实施阶段汇报会，教育部、清华大学等部分高校、中国教育科学研究院、北京市教委、北京市教科院、海淀区政府的专家、领导，以及来自全国部分省市、北京市部分区县的领导和骨干教师，近千人参加了本次会议。出席会议的全国人大委员陶西平，教育部基础教育司王定华司长、申继亮副司长，著名教育专家朱小蔓等盛赞清华附小具有清华大学的气质和追求，一致认为"1+X课程"从学校的生源、历史出发，把一个国家的宏观课程框架具体化，变成可以实施的蓝图，将自上而下的改革和自下而上的改革结合起来，找到了课程改革的关键路径——课程整合。课程改革方向正确、理念先进、框架合理、试验效果实在、生命力强大，真正适应和符合教育规律，抓住了小学教育特质。他们同时肯定"1+X课程"把握了减负增效的实质，紧紧抓住了课程改革的关键，是基础教育一线一场极具意义的微创新，正是这一系列的微创新组成了伟大的教育领域的改革。

张丽钧：做一个美的『布道者』

作者说
在教育的功利色彩难以剔除的今天，
"美"在许多学校难以抢到一席之地。
我深知，
在这个美丑共生的世界上，
培植美需要心智，
救赎美需要胆魄，
光大美需要情怀，
我愿倾毕生之情，
竭一世之力，
做一个美的"布道者"！

张丽钧，河北省唐山市开滦一中校长。语文特级教师、正高级教师，国务院政府特殊津贴专家，全国五一劳动奖章获得者，中国作家协会会员，"全国十佳教师作家"，河北省"突贡专家"、首届名师、骨干校长、最美教师，唐山市百年十大女杰、十佳教师、十杰母亲、首批首席名校长。《读者》《意林》《格言》等杂志签约作家，迄今发表文章300余万字，出版文集28部。9篇文章被选入新加坡、我国《语文》课本，21篇文章被选为全国高考、各地中考背景材料。应邀到中央电视台、中国教育电视台、福务网、国家教育行政学院、《读者》大讲堂、全国中小学写作高端论坛、河北省图书馆、山西省图书馆、吉林大学、中南大学、河北师大、耀华中学、衡水中学等作讲座200余场。

细节一　生命之美

开滦一中学生的"戳记"

很高兴能以"国旗下讲话"的形式跟亲爱的开一学子们吐露我真实的心声。作为你们的校长，我总梦想着为每一个来这里学习的孩子身上都打上一个鲜明的"戳记"。当然，这"戳记"，不可能是鲜红的图章，也不可能是某种族徽样的印纹，它应该是镌刻在你灵魂深处的一个隐秘记号，它使你区别于他人，它使你的生命非同凡

张丽钧校长国旗下讲话

俗,它使你的精神光耀灿烂,它使你可以凭此轻易辨认出谁是你的挚朋契友,它使你能够在获得了一种终生不会失效的方向感之后远离歧路徘徊……

我的"校长信箱"里曾有过一封学生来信,在信中,那个学生提到了"一句话证明你是开一人"。这个问题,我想了很久。我不知道今天在场的各位会给出怎样的答案,也许你会说"开一美好,其中有我",也许你会说"让生命的相遇充满惊喜",也许你会说"每天在心里开出一朵花",也许你会说"拿出一万个小时来";甚至你不必说这么多,仅仅一个词语就足够了,比如"凤娃",比如"凤闻",比如"开开书吧",比如"春分冲顶",比如"弟子规接龙";或者甚至你们什么都不必说,仅仅哼唱一句"人生在世度光阴"就足以证明你是一个开一人了。孩子们,这些特殊的语言符号所传递出的气息,是专属于开一人的。当我点数上述这些语言符号的时候,你一定意会了、心动了,因为你懂得。

如果你以为这些就是我所讲的开一人的"戳记",那你就错了。这些外在的、能够被你的眼睛和耳朵轻易捕捉到的信息,仅仅是我所说的"戳记"中极为有限的组成部分。你的价值取向、你的为人准则、你的行事方式、你的道德高度、你的思想亮度、你生命内在的芬芳、你毕业多年之后依然能够赖以洁身自清的在高中阶段获得的种种可贵免疫……这些,才是我所说的开一学子"戳记"的真正内涵。如果你让我用一个词语概括,那我就告诉你——正能量,永远是开一学子"戳记"的总特点。

铁打的校园,流水的师生。我们当中没有任何一个人可以永远在开一教书或学习。短暂而又浪漫的相逢,使我们的生命有了难以拆分的美丽交集。我总是希望我们这个过于小巧的校园能够处处洋溢着亲情,希望师生之间、师师之间、生生之间的关系亲密而又典雅。在这里,我们的身体可以疲惫,但是,我们的灵魂却要有足够欢悦的理由。

我们学校的第18任校长名叫季胜男,就是寒假前为"董氏兄弟集团捐赠有机食品"活动牵线搭桥的那位气质不凡的老者。她在任的时候,一直称呼学生为"宝贝"。在这所校园里,没有一个学生不是她的"宝贝"。可以说,她的爱没有"死角"。沿袭了她的称呼,我们学校许多老师(包括我)都习惯喊学生"宝贝"。这是一个温暖的称呼,这个称呼使我相信我们师生之间存在着一种"血缘关系"。师生之亲,不亚于亲子之亲。

因为爱之深,所以责之切。当我看到我的"宝贝们"身上打上了某种丑陋的戳记的时候,我万箭穿心。我不忍看到你们美好的生命被欺骗、偷窃、打架、网瘾、早恋、作弊、昼寝、迟到、早退、懈怠、抱怨、放任等负面行为和负面情绪劫持,我热衷提醒,提而不醒的时候也会拿出铁腕处置措施。孩子,我不是恨你,我是恨你身上那个招人恨的暗点,我宁愿用让你"短痛"的办法去阻断你的"长痛",这样的苦心,你可知晓?

我曾在一篇文章中写过:上帝爱人爱不过来,于是有了母亲;母亲爱人爱得偏狭,于是有了教师。教师给予学生的爱称得上是盈而不溢、劳而不矜、娇而有度、诤而有益。如果你正被这样优质的爱深情地包围着,那么请允许我提醒你,你是幸福的。

哲人说:源头的石头,改变了河流的走向。孩子,我希望有朝一日你在回望青春时能够由衷地说:我的生命,因为曾经拥有开一并且也曾经被开一拥有,所以,我的精神气质发生了令人惊喜的改变,我的人生也因而呈现出瑰奇艳丽的色彩,我感恩,我怀想——向着北纬39.40度、东经118.20度的方向!

最后,请允许我深情地对我至爱的宝贝们说:感谢你们为我提供了"实现自我"的舞台！感谢你们赋予我空洞的人生以丰富的内涵！谢谢！谢谢大家！

注：本节为张丽钧校长2014年3月24日"国旗下的讲话"。

拒绝成为自我的"差评师"

一个同事找到我，要和我说说心里话。我听后十分开心，因为这对我而言是求之不得的事。她说，今年是她参加工作的第十个年头，回首来路，憾迹斑斑。她做班主任，工作繁忙，压力巨大，孩子尚小，无人援手；她也曾有过万丈雄心，但是，慢慢地，庸常的生活之水就将她那棱角分明的理想磨成了卵石。她为这十年的庸碌无为懊恼，也为下一个十年会将自己带向何方而惶惑。她问我："您说，我该怎样获得一种'存在感'呢？"

我想，不管她能否获得自己意欲追寻的"存在感"，她可贵的反省，已经是在向昨天那个得了"差评"的自我宣战了，这本身就是朝自我救赎迈出的伟大一步；然而，十年的光阴，埋殡起来毕竟不是一件轻松的事，那种颓靡懊丧，那种焚心煮骨……我在为她的觉醒欢悦的同时，也为她给自己入职十年打出的"差评"而叹惋。

在我看来，每个教师的面前都摆着两种事——紧急事，紧要事。紧急事是眼下就要接受评价的事：备课、上课、赛课；紧要事是滞后接受评价的事：成长、成就、成功。笼统说来，前者逼着我们"牺牲"，后者逼着我们"自救"；前者是"成全他人"，后者是"成全自我"。有人可能要悲鸣了：这不存心要撕裂我们吗？其实，"牺牲"与"自救"，"成全他人"与"成全自我"是相辅相成的关系，瞧，孔夫子一语就说穿了："己欲立而立人，己欲达而达人。"——注意，这里的"己欲"很重要。想想看，一个连自己的"立"和"达"都不在意的人，怎么可能尽心竭力地去"立人""达人"？正因为如此，朱永新先生提倡教师"过一种幸福完整的教育生活"。我以为"幸福完整"亦可理解为一种"完整的幸福"，不仅要"幸福他人"，也要"幸福自我"。

有时候，我的同行们喜欢拿"牺牲"做不能"自救"的托词——"我光忙学生了，哪有时间忙自己？"须知，这说法恰似一块遮不住羞的遮羞布，它暴露

开滦一中的"诗意围栏"

了说话人对自我平庸状态的一种逃避不及的抓狂。

我曾经带领我校全体中层去丰润岔河中学考察学习。那是一所极普通的镇上中学，50多名教师，却出了30多本书。我们当中有一位中层激动地跟我说："咱们也可以给老师们出书啊！"我说："好主意！不过，哪个老师手中有可以凑够一本书的东西呢？"她建议道："我们可以按教研组出书啊！同教研组的老师们把论文凑到一起，肯定能凑成一本书！"这时候，岔河中学的崔小英老师忍不住插话道："我们校长坚决反对'凑书'，两口子都不可以凑到一起出书，作者必须是单个人！"我回头问我们那个中层："你能琢磨透他们校长的良苦用心吗？"——在某些时候，最亲密的人都帮不上你。精神的成长，纯属"个体事件"。

"持续贡献"，这是我无比挚爱的一个词。上天给了每个人足够多的时间让你去圆梦，只要你肯于用针尖去一点点挑土，绝不轻言放弃，你就有收获一座山峰的机缘。

西西弗斯每天推着巨石上山，当他费尽千辛万苦将巨石推向山顶，巨石都会不可阻挡地滚落。这种徒劳无功的劳作，确乎是一种最为"诛心"的惩罚。但是，即便是这种毫无诗意可言的乏味劳作，西西弗斯也能从中找到无穷乐趣——快推、慢推，左推、右推……每一次征服带给他的喜悦都是足金的，都是迥异于前的。我想，回首往事，西西弗斯绝不可能给自己的昨天"差评"。

我总用这段话跟同仁共勉："要让明天那个自己感激今天这个自己的勤勉，不要让明天那个自己抱怨今天这个自己的慵懒。"我作词的《开一学子志气歌》中有这样一个句子："人人生来性本懒，犯懒犯成虫一条。"人人都有惰性，顺从惰性，我们的人生必将一事无成。

拒绝成为自我的"差评师"——你做到了吗？

拥抱母亲的理由

那天，接到我的编辑邱老师打来的电话。邱老师说："前几天，我收到了从四川部队寄来的一篇稿子，稿子里面提到了你在《中国青年报》上发表的那篇题目为《拥抱母亲吧》的文章。作者说，他的老母亲已经80多岁了，住在乡下。他说他很笨，笨到了从不会拥抱母亲。自从读了你的文章之后，他就下定决心要在最近这次回家探亲时拥抱母亲……说实在的，我没有读到你的那篇文章。看了这个部队作者的稿子之后，我就赶紧到单位图书馆去翻查《中国青年报》。我读着发生在那个'小刚'身上的故事，不由就联想到我自己，止不住就掉下了眼泪。我的母亲已经不在人世了。在我母亲活着的时候，我没有拥抱母亲的勇气，也没有像这个部队作者这样有被提醒拥抱母亲的福气。读了你们两个人的文章之后，我突然意识到，我自己亲手制造了一个本可以不成为空白的空白和一种本可以不成为遗憾的遗憾……"

我举着听筒，不知道该用怎样的言语去安慰远在吉林的邱老师。我只有用沉默来表达我对他的理解和同情。

不久，我们迎来了母亲节。

母亲节期间我亲历的故事又一次深深震撼了我的心。

我所在的学校每年的母亲节都要举办"献给母亲的歌"主题班会。有一年的母亲节我参加了高一（7）班、（8）班联合举办的班会。捧着康乃馨的母亲们坐在前排。大屏幕上滚动着母子（母女）的一张张合影，精彩的节目一个接着一个——母亲给孩子的一封信、孩子给母亲的一封信、母子（母女）才艺展示、母子（母女）默契猜谜……在"对母亲（对孩子）说说心里话"的即兴发言过后，孩子们都要和母亲拥抱。看着母亲和孩子眼含热泪地紧紧拥抱在一起，我和另外几个老师也都禁不住泪下沾襟。我想，现在的孩子和邱老师那个时代的人是多么不一样啊！他们可以很自然地表达自己的感情，不拘谨，不羞怯，真值得我们很好地学习呢！但是，母亲节过后的几篇学生作文却改变了我的看法。一个没有让母亲来参加班会的男生写道："看着同学们那么热烈地拥抱母亲，我真后悔没有让她请假来参加这个活动。但是，如果她真的来了，我敢像我的同学们那样去拥抱她吗？"一个在大家的掌声中拥抱了母亲的女孩在《说出我心中的爱》的作文中说："自从懂事以来，我就不再好意思和母亲拥抱了。有时心情郁闷，回到家中，也想通过拥抱一下母亲来排解内心的痛苦，但每次都'冷静'地压下了……感谢学校在母亲节给我们创造了一个拥抱母亲的机会，这一天，我看到那么多人都拥抱了母亲，连××同学都拥抱了她的继母！那一刻，我多么盼望着我的母亲也能站起来发言，盼望着在大家热切的注视下我们母女紧紧相拥啊……"我十分庆幸我们给孩子创造了一个拥抱母亲的机会，同时，我也

开滦一中"母亲节主题班会"

深深感到我们所创造的机会还远远不够,毕竟,还有许多孩子因为这样或那样的原因,没有将自己的怀抱送到母亲的怀抱。

——我给了那个四川军人拥抱母亲的提醒,我的学校给了学生们拥抱母亲的机缘。其实,拥抱母亲又何须理由呢?最近重读《劝孝歌》,我惊讶于古人无比精到的表述——"娘坐一月罪受满,如同罪人坐牢监……白昼为儿受苦难,夜晚怕儿受风寒……枕头就是娘手腕,抱儿难以把身翻……"一个让娘坐过"牢监"又以娘的手腕充当过"枕头"的孩子,为什么一定要给生命留下愧怍于亲娘的"空白"与"遗憾"呢?

点　燃

那天打开博客,看到往昔学生"霍霍Spring"的留言。她留了手机号,让我方便时联系她,她要来学校看我。

我连忙回了信息,约她回母校来玩。她说很快就到。

她来了,抱着一个几乎与她身体等宽的大盒子。我笑问她:"还给老师带了礼物?"她欢快地说:"嗯!老师,这礼物您可一定要收下!这是我的奖品。我特意从青岛带回来送给您的!"原来,在青岛读大四的她,在学院举办的"模拟竞聘"活动中勇夺第一名,这台加湿器便是她得到的大奖。

我抱过那个压手的大盒子,想象着这个单薄的女孩独自坐12个小时的火车,一路都在想着把这奖品送给老师的美丽心事……我实在找不到拒绝的理由,便开心地收下了。

记忆中腼腆的女孩,如今变得爱说爱笑了。她说,她本已经被"保研",但却不甘心,便又毅然挑战了自己一把,如愿以偿地将自己送到更远的上海去读研了。我真心祝贺她,并送给她一个小礼物。

她百般推辞,眼里含着泪花。她说:"老师,您给的够多了!我,我都不知道该怎样报答您了……老师,您知道吗,我的网名里有个Spring,我的邮箱也有个Spring,我的密码也是Spring。同宿舍的一个死党十分好奇——怎么到处都是'春天'呀?你是不是暗恋着一个叫什么春的男生啊?我告诉她说,我心里装着一个与春天有关的故事。老师,您还记得吗?我读高二那年的春天,确切地说是2007年4月16日，您到我们班里把我叫了出来，递给我一个牛皮纸信封，说：'给你的。'我回到教室，撕开信封，惊奇地发现里面有400元钱，还有一个便签，上面写着：'宝贝，今天我领稿费了，和你分享哦！春天了，去买件春装吧，喜欢看你穿得漂亮！'我感动得眼泪刷地就掉下来了。您不教我们，只因我家境贫寒，您就对我格外高看。老师，您给我的钱我真的买了件春装，只是没舍得把钱花完……大学四年，我一直把您写的那个便签装在书包里，看一眼，就增添一份勇气和力量。老师，是您让我喜欢上了春天，是您改变了我这个穷孩子看自己、看世界的眼光。"

我恍惚忆起了那个春天，忆起了在春光中穿着半旧的男孩子上衣在班级前领操的瘦弱女生。那一次小小的分享，在我，本不期望日后被人这般铭记；也未曾料及，一颗美丽的心在领受了一个祝福之后，竟能调动起生命的巨大潜能，让寒素的生命开出如此富丽迷人的花朵……

在我写这篇小文的时候，"霍霍Spring"送我的加湿器在我身边尽职地工作着。倏然想起了教师节宣誓中的两句话："让无力者有力，让有力者前行。"此刻，来自这两句话的巨大的反作用力竟让我激动得有些手足无措。——孩子，感谢你以我对你的点燃作为礼物回赠了我！你对我的点燃，不仅仅是一个领受者对一个施予者的点燃，更是一个施予者对一个领受者的再度点燃……

"霍霍Spring"近照

细节二　真实之美

公开课——疲惫生活中的英雄梦想

我一直坚持认为，天下的教师分两种：不喜欢讲公开课的教师，喜欢讲公开课的教师。

先谈谈"不喜欢讲公开课的教师"。

在我看来，一个教师不喜欢讲公开课，不外乎两个原因，第一个原因是怕累。首先是累脑——北京人大附中的王君，是个活在公开课中的教师，她讲了四次《绿》的公开课，一次跟一次迥然不同，就算前面一次讲得再成功，她也不甘心再重复自己。她多么善于跟自己较劲！只有肯于这样跟自己较劲的人才真正懂得这样较劲的价值和意义。其次是累嘴——三年前，我们唐山开滦一中和大连二十高中、江苏新海高中隆重启动"跨三省同课异构"公开教学活动。我校一位语文老师，为了把一堂自我满意的课带到异地的课堂，整整试讲了10遍，最后硬是把自己都讲哭了。她绝望地说："我怎么越讲越不会讲啊！"这样残酷的自我否定，伴随着整个试讲过程，多少年职业生涯中的"山穷水尽"与"柳暗花明"，被浓缩在卓绝的准备公开课的过程中，密集降临的忧与喜，让人在短时间内迅速完成了对自我执教能力的苛刻审视与更高期许。再次还要累腿——坐着飞机去讲课，跑10多个钟头的高速路去讲课，有人问：这样折腾，成本是不是太高了？它值吗？我不能想象三所学校的校长打电话敲定一个题目，然后安排自家学校的老师分别在自家的课堂讲课，最后拿出视频来彼此分享的场景。如果大家曾注意过"中俄联合军演"，你就明白了"联合"究竟意味着什么，你就明白了将不同的队伍放到同样的时空背景下演练意味着什么。即使组织者缄口不谈"为荣誉而战"，它也必定成为每一个参与者的最强心声。

教师不喜欢讲公开课的第二个原因是怕丑。人都有遮丑、藏拙的本能。"我不亮丑，你或许就不知道我有多丑吧？"不喜欢讲公开课的老师会在心里这样说。是的，你天天关着门讲烂课，烂课就缠上了你，最后还要跟你"成家"，过天长地久的日子。

下面我谈谈"喜欢讲公开课的教师"。

这种教师也可以再细分为两类：一类是喜欢讲"假公开课"的教师，一类是喜欢讲"真公开课"的教师。

什么叫"假公开课"？录像课就是假公开课之一。你看那录像课，一个地方讲砸了，没关系，再重新录制一遍。剪辑、制作，直到满意为止。这很像演员的"假唱"，完美中存在着致命伤，因此，我向来对录像课嗤之以鼻。除此之外，"假公开课"还有"作秀课"，就像演一台戏，彩排N遍，每个人都熟记了台词，众星捧月般地成全了一个天仙下凡般的主角——教师。讲这种课的老师不知道，他（她）其实是在主动扮演小丑的角色。

最后我谈喜欢讲"真公开课"的教师。喜欢讲"真公开课"的教师，勇于将自我投入如火如荼的现场，他（她）站到悬崖上，瞬间高飞，或瞬间坠落，并且他（她）的高飞或坠落，还要任由他人评说——他（她）上的是"惊心课"啊！我校有个参加过"跨三省同课异构课"的老师曾在讲完课后哭着跟我说："校长，我讲砸了，死的心都有……"我笑着说："'死'了好啊！一个老师死在公开课上，好比一个战士死在战场上，那是多么荣耀的事啊！跟那些终老山林的庸者相比，你多么幸运！"这是我的真心话。我曾经问自己，公开课究竟像什么？有一个流传颇广的语段，是谈对于爱情的体验的："爱情之于我，不是寻常的一饭一蔬，而是疲惫生活中的英雄梦想。"我想，每一个不甘平庸的教师是不是也都应该学会这样说——"公开课之于我,不是寻常的一饭一蔬,而是疲惫生活中的英雄梦想"?曾在公开课上振翅高飞的教师,那一刻的铭心体验,必将伴随他(她)的整个教学生涯,公开课凝结而成的那一粒可贵的盐,必将成为他(她)每一堂"家常课"中不可或缺的调味剂;曾在公开课上颓然坠落的教师,是向一个"旧我"敲响了丧钟,他(她)会"向死而生",会在一番卧薪尝胆之后迎来一个"新我"的呱呱坠地。——喜欢上"真公开课"的老师,有福了!

跨三省同课异构

今天,汇聚到这间教室来讲课的教师,都是"一不怕累、二不怕丑"的教师,都是怀揣了"英雄梦想"预备奉献"真公开课"的教师。作为东道主,我敬你们!我谢你们!我愿你们满怀激情、大胆亮剑!同时,我也愿意想象——当你们垂垂老矣,能够对坐在膝头的孙辈炫耀:曾经,在一个叫开滦一中的地方,我讲了怎样怎样的一堂课……

注:本节为张丽钧校长在"2014年大连二十高中、江苏新海高中、唐山市开滦一中'跨三省同课异构'公开教学活动开幕式"上的发言。

校长邀谁喝咖啡

腾出来了一间小办公室,我提议,不如把它布置成咖啡屋吧!大家听了一致赞同,于是,我们有了一间温馨的咖啡屋。

做了一块简单的牌子,上书:校长邀你喝咖啡。

办公室主任问:"校长,您准备邀请谁喝咖啡呀?"我说:"第一个要请的,应该是后勤的亚非老师吧。因为在布置这个房间的过程中,他最辛苦。"于是,亚非老师美美地坐在沙发上,美美地喝了一杯咖啡。接下来,谁是这里的座上宾呢?我说,我想请期中考试退步较大的孩子们一起喝杯咖啡,于是,低头走进来了八个孩子。我提出要求:每个人都来说说自己最得意的一件事。大家捧着咖啡杯,有点意外,有点茫然。终于有个男生大胆宣称最得意的事就是会用粤语演唱《喜欢你》,说完大声开唱。当他唱到"挽手说梦话,像昨天,你共我"时,我们不约而同地跟着他唱,国语、粤语、半国语半粤语,南腔北调,没唱完就都笑翻了。气氛一下子变得轻松起来,大家抢着说起了自己"最得

张丽钧校长邀请学生喝咖啡

意的事"……

曾经，我是个"嫌贫爱富"的教育人。做教师时，偏爱成绩好的学生；做校长后，偏爱业绩好的员工。我敢说，如果这间咖啡室早建成，最先被邀请来这里喝咖啡的恐怕就是打着另外标签的人了。

不是由于读了某本书、经了某件事、遇到某个人，我一下子就变成了今天的自己。这是一个很慢的过程，慢得就像一棵树从萌芽到参天。慢慢发现，自己其实也不是样样优秀，丢丑的时候，特别渴望有人投来宽容的眼神；慢慢发现，就算我将"平庸"这个词视为人生大敌，也避免不了"平庸"对我的死缠烂打；慢慢发现，急于看到每个孩子都即刻成材是浅薄可笑的，孩子们是花期不同的花朵，你得明白，菊花将自己的花期安排在秋季自有它充分的理由；慢慢发现，在我为别人的"短板"深深叹息的时候，那人的"长板"也在为我对它的盲视深深叹息；慢慢发现，生命有太多种可能，一个小小的善意也许能引爆一座沉默的火山；慢慢发现，懂得欣赏不完美，就离完美更近了一步……

所以，请允许我在意念上邀请那些错过了这间咖啡屋的人来这里喝杯咖啡：班会课公然顶撞我的那个男生，语文课破门而出的那个女生，班级成绩垫底儿的那位"老班"，赛课失利的那位"青师"，对我出言不逊的那个家长……命运安排我们相遇，你们手里拿着一件包装丑陋的礼物，接过它，收下它，层层拆开，我万分惊奇地发现，原来，它们竟然都是我特别需要的东西！——有一种磨砺，它的本名叫"成全"。离开了这些"不如意"，我就成不了今天的这个自己。

嗯，这间咖啡屋，一定要以"生命"做它的内核。它不可"势利"，更不可"倨傲"，咖啡的香气必须一视同仁地缭绕在每只杯子的杯口。它要告诉每个来此小坐的人——"喜欢你"，它所追求的最妙状态——"挽手说梦话"……

细节三 智慧之美

为自己的履历而勤勉工作

有一天，一个知心的同事跟我说："古人说得好：士为知己者死。为了你，我也要竭尽全力地工作！"我听后笑着对他说："这话你可说错了。如果你真是为了我才竭尽全力地工作，那么，一旦我调走了或升迁了，你还能找到自己的动力之源吗？另外，一个人如果发誓'为知己者死'，那么，万一遇上一个不赏识自己的上司，会不会沦为'发泄派'呢？会不会因为面对一个根本不看重自己的上司，于是感觉所有的努力都是浪费，因此慵懒懈怠起来、自甘平庸起来呢？我还是主张'为自己的履历而勤勉工作'——我是一个为实现自身价值而努力工作的人，我要对自己的履历负责，好与歹，冷与热，都不能成为我放弃自己的理由，任何人阻拦不了我走向优秀的脚步……"

我也曾经遇到过让我想对他说"士为知己者死"的好上司。我开玩笑地说："你让我每天都有了一个无比美妙的早早起床的理由！"是啊，为自己佩服的人打工，那感觉真是棒极了！但是，一旦情形发生逆转，你还能找到每天早早起床的理由吗？

我们能不能意识到,当一个不是"知己"的人成为我们的顶头上司,我们到更高处与更优秀者相遇的机缘也随之到来?

不管你愿不愿意承认,"士为知己者死"都是一种卑下的奴性——不管那人是头猪是头驴,只要他赏识我,我就甘愿为他的赏识欣然献祭!这样的牺牲,值得吗?

我的学校就要迎来 90 周年校庆了,我们打算印一本纪念册——《凤之恋》。每名教职员工分配一个页码,前面是一张自己刚来到这所学校时的照片,后面是一张近照,中间的文字由自己填写。有个私交不错的老师悄悄跟我说:"天哪!我在自己分到的那一页纸上写什么呢?"我说:"是呢,在这张纸面前,每个人都需要好好掂量掂量自己。"

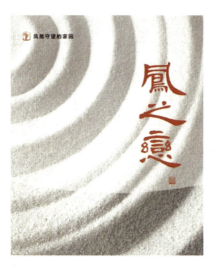

《凤之恋》

那一页等待我们填写的"履历表",始终在暗中窥视着我们。它那么残酷,当我们的生命经历了一个个惊心动魄的事件(比如爱了一个人,比如赚了一笔钱),它都拒绝为我们留痕。它手执一个筛子,固执地、毫不怜惜地筛掉了它心目中的那些尘屑。它不关心究竟是谁曾带我们飞翔,它只关心我们是否飞翔过,我们到底飞了多高。

"为自己的履历而勤勉工作"的人,无不是"为自己的未来而积极准备"的人。他不是为了酬酢某个人而工作,他是为了酬酢珍贵的生命而工作。他会说:要让明天那个自己感谢今天这个勤勉的自己,不要让明天那个自己抱怨今天这个慵懒的自己!

做一个"治愈系"教师

"治愈系"是一个舶来词,意思是"平静的、舒缓的、具有心理疗愈功能的人(或事)"。我以为,一个优秀的教师,就应该是"治愈系"的。

我的同事爱冬老师跟我们分享了这样一个故事:她教过的一个女生,毕业多年了,师生欢聚时掏出手机,按下"快捷键1",爱冬老师的手机居然响了起来!那个女生得意地说:"老师,您知道吗,就为这,我老妈特嫉妒您!"——何止是"老妈",连我们这些听故事的人也都"特嫉妒"爱冬老师呢!想想看,如果爱冬老师不是一个"治愈系"女神,如果她不能给予那个女孩超越母爱的智与暖,如果无情的时光之水将她们彼此间的牵系愈冲愈淡,那么,那个女孩怎么可能会长久地将爱冬老师的手机号码设定为"快捷键1"呢?

在我看来,如若你真的立志做一个"治愈系"教师,那么,就算你资质平平,你也会生出许多奇妙的"治愈创意"来。我曾任我校"珍珠班"励志教师,有个叫航文的女生被我在私底下称作"天使在人间"——没有短板,几近完美。

爱冬老师在校园里

我和增凯老师一致看好她。"航文是个省状元的苗子！"增凯老师这样说。结果，高考出分那夜，我和增凯老师都傻眼了——航文比我们预期少考了近100分！第二天，航文的父亲打来电话，说孩子非常郁闷，不能面对这个分数……"我真怕孩子想不开呀！"父亲带着哭腔说。我说："你带她来见我。"航文来了，低头不语。我给了她一只事先准备好的羽毛球拍，对她说："走，咱俩打球去！"赤日炎炎，塑胶操场被烤得软塌塌的，很快，我俩就打得汗水淋淋了。——"球太软！懒得接！""嗨起来！扣啊！""太好了！再疯点！"我冲航文高喊着，不一会儿就被她打得落花流水。我搬来了援兵——增凯老师，对他说："航文把球扣到我鼻子尖上了，你要给我报仇啊！"……航文是欢跳着和我们一起离开操场的。后来，航文的父亲告诉我说，他一直在暗处看，流着泪。

这个"治愈方案"是我为这个女孩量身定做的——它是用强悍遮盖着的温软，它是用汗水偷换了的泪水。

我的一个在精神康复中心工作的学生告诉我："人人都是精神疾病的易感者。"我深深认同这句话。就算我们精神再健全、再强大，在某一个时刻，我们突然就软了、瘪了。我们需要一个带给我们恒久安全感的"快捷键"，我们需要一次宠溺灵魂的"心理疗愈"，我们需要一次超越皮囊的心灵飞翔。与知识体系的构建比较起来，精神体系的构建更为紧切、更为繁难。而教师的"治愈"堪称是一幅妙不可言的"双面绣"——我们在治愈他人的同时，也不期然地治愈了自己。

惊喜力

这个词是我"自造"的——惊喜力。

我以为，"惊喜"确乎是一种能力，一种值得夸耀的能力。认识到这一点后，我索性找到我学校的"书法家"张增凯老师，央他为我写了甲骨文的"惊喜力"三个字，隆重地裱起来，隆重地挂起来。

我学校有一句人人皆知的口号："让生命的相遇充满惊喜。"惊喜，是一种喜出望外的欢悦——感谢相遇，感谢上天安排你我走进对方的生命里。网友说，人生不过四亿次眨眼，在这匆遽的一生当中，有缘的人来到同一所校园，在同

张增凯老师所写的"惊喜力"

一个屋檐下厮守数年,每天彼此相守的时间,远远超过了与最亲密的人相守的时间,这是几世修来的缘分!

在我看来,越是肯对微不足道、司空见惯的事物奉献惊喜力,越有可能将自我修炼成一处绝佳的"精神风景"。

究竟谁能说得清楚,那个叫"磨损"的词,生着何等的利齿?它针尖挑土般,一点点偷走"初见"的惊喜,让鲜润的不再鲜润,让颓败的愈加颓败。与"磨损"进行的拉锯战,几乎要伴随我们整整一生。

我讲课时多次提到张中行先生的一件小事。张中行先生90岁时,得到一块心爱的砚台,他长久地抚摩它,神情快乐得如同进入了天堂。当朋友来探望他,他会慷慨地将爱物示人,拿起人家的手,放到那砚台上,和人家一道抚摩。——"你好好摸摸,手感多么滋润啊!"他这样说。——爱得动一方砚台的心,依然是一颗蓬勃的少年心。

爱着爱着就厌了,飞着飞着就倦了,这是多么雷同的生命体验。惊喜力就是赶来拯救厌倦的心灵的。初次淋雨的幼儿,初次相望的眼眸,这些"初次"当中有你吗?"初次"之后呢?惊蛰惊醒你了吗?红叶染红你了吗?有那么一个人,经了七十七回梅开,再看时,依然难掩初见般的惊喜,恨不得在每一树盛开的梅花底下都放置一个"我",纵宠自己看个够、看个饱——"何方可化身千亿,一树梅前一放翁?"陆游78岁时那"满格"的惊喜力,你有吗?

细节四 感悟之美

触摸古人千载之前的心跳

听四位高中语文教师讲"同课异构"课。他们讲课的内容是分析同一份试卷，试卷的文言文阅读材料是曹丕的《与吴质书》。文中有一个句子："仲尼覆醢于子路"。四位教师，将这个句子讲出了四种不同的境界。

第一位教师讲道：很显然，这是一个介词结构后置句。按照现代汉语的语序，它应该是"仲尼于子路覆醢"——注意，"醢"，读作 hǎi，意思是肉酱。也就是说，仲尼为了子路而覆醢。我们都知道，仲尼就是孔子，而子路是孔子的学生。"覆醢"是什么意思呢？就是倒掉肉酱，也有人说是把肉酱盖上，我们认为第一种解释更合理。所以，这个句子连起来讲就是：孔子为了子路而倒掉肉酱。明白了吗？（学生点头）

第二位教师讲道：大家都知道，孔老夫子在晚年的时候回到老家，创办了洙泗书院。来听他讲课的，那都是他的粉丝。几千粉丝也不能空着手来呀，送给老师的见面礼多是几壶老酒、几条肉干。孔子是个肉食者——他太喜欢吃肉了！可是，当他在齐国听了韶乐之后，居然"三月不知肉味"。你看，孔子还是个"骨灰级"的音乐鉴赏家呢。后来，当得知他特别喜欢的学生子路被剁成肉酱之后，嗜肉如命的孔老夫子居然让人把家里的肉酱都倒掉了——他忌讳"肉酱"这俩字，他承受不来呀。（学生会心地笑）

第三位教师讲道：战国时期，钟子期与俞伯牙演绎过一场高山流水遇知音的佳话。当钟子期不幸早亡，俞伯牙到他坟前弹奏了平生最后一支曲子，然后尽断琴弦，终生不复鼓琴。人说孔子有三千弟子、七十二贤人，而子路就是七十二贤人中的一个重要人物。在《论语》一书中，子路出现的次数最多，达48次。子路仅比孔子小九岁，他性格豪放爽直，为人勇武，忠于职守，与恩师孔子之间是真正的亦师亦友的亲密关系。所以，当63岁的子路被剁成肉酱之后，孔子悲痛地倒掉了家里的肉酱，并哀叹"天断绝我！"一年之后，孔子也去世了。（学生轻叹）

第四位教师讲道：同学们有没有去过山东曲阜孔林？——孔林是什么地方？是"万世师表"孔子墓穴的所在地啊！孔子去世之后，他的弟子为他守墓三年，而那个叫子贡的弟子，居然守了六年！你可能要问，这些弟子跟他们的老师之间感情怎么这么深呢？那是因为孔子曾在他的弟子身上付出过太多太多的智与爱。孔子既是"经师"，更是"人师"，他一生都是在"以智培智、以心育心"。对弟子，他从不吝惜付出真情——冉耕病了，他万分焦灼；颜回早逝，他恸哭失声；而当子路被剁成肉酱，他的心都碎了，从此再不忍食肉酱……一次次的凄然动容，无不是为他钟爱的学生。遇到这样的老师，学生幸甚；遇到这样的学生，老师幸甚！（学生鼓掌）

四节课听下来，评课者对四位教师有关"仲尼覆醢于子路"的不同讲法竟也各有褒贬。

有人说：第一位教师讲得最好——知识点讲得明白透彻，符合高考要求；繁简得当，不枝不蔓。这样的课，好用。

有人说：第二位教师讲得最好——懂得取悦学生，风趣谐谑的讲解可以提高学生的学习兴趣；以肉干、肉味、肉酱串起故事，别具匠心。这样的课，好玩。

有人说：第三位教师讲得最好——借助翔实的数字强化理解与记忆，表现出教师良好的文化功底；适当拓展高山流水遇知音的故事，让学生过耳不忘。

这样的课，好懂。

有人说：第四位教师讲得最好，动情的讲解直达人心，讲出了师徒间"不是父子胜似父子"的深厚情谊；同时，也鲜明地表达了教师本人对这种师生关系的欣赏与向往，让每个听者都为之感动。这样的课，好听。

语文，是该侧重"工具性"还是该侧重"人文性"？知识，是该看重"记忆性"还是该看重"理解性"？课堂，是该追求"近期有效"还是该追求"远期有效"？什么样的语言才是真正具有"种子能量"的语言？什么样的知识才能真正成为在孩子心中"永活"的知识？当古人借助纸张、文字款款走进今天的课堂，讲解者该如何带领孩子触摸他千载之前的心跳？当被分数役使的孩子漠然忽略了字里行间的泪与笑，讲解者该怎样引领着他们通过寻找古人进而寻找到那个不幸失落的自己？在徐迅雷所言"智识分子""知识分子""知道分子"之中，哪一个才是我们最想要的？……如果不想透这些问题，我们很可能已丧失掉了评课的资格。

吾 生

早年的学生顺子来看我，聊得开怀。他突然抛给我一个问题："老师，您还记得毕业时您送我的书上的题词吗？"

我说："记得——顺天顺行、顺水顺风。"

他笑了："没错。但是，我想问您在这八个字下面还写了什么？"

"还写了什么？无非就是'顺子存念'之类的话呗。"

顺子摇头，说："您写的是'吾生顺子存念'。"

我笑起来："反正是一个意思。"

顺子说："才不一样呢！您不知道，当年我捧着那本书，盯着'吾生'两个字看啊看，看啊看——您别笑！我先把它解释成了'我生养的孩子'，一想，不对。又琢磨，莫非是'我的学生'？好像是，又好像不是。回到家，我认真查了词典，明白了这里的'吾生'原来是长辈对晚辈的敬称。但是，我还是执拗地认为您写给我的'吾生'有更深切、更复杂的含义……后来，我谈恋爱了，我把您赠的书拿给我女朋友看，还特意把我对'吾生'一词的探究过程讲给了她听。您知道吗，她听后感动极了。她后来对我说，她当时就想：一个能让老师这么看重的学生,肯定值得托付终身!就这样,我们的关系很快就确定下来了。——您瞧,您写的'吾生'那两个字,还是我们的大媒呢!"

顺子告辞了,我的思绪却在他讲的故事上流连,久久不肯回来。

我多么喜欢顺子对"吾生"二字的解释——不管它是谬解还是正解。当我在尘世间遇到一茬茬年龄相仿的孩子,当我亲眼见证了他们效我、似我、逾我的奇妙过程,我分明感到自己生命的宽度与长度都在可喜地延展着,一如春天在花香中骄矜地扩展着她的地盘。

柏拉图在他著名的《会饮篇》中将人类的生育繁衍分为两类:一类叫作"身体生育",一类叫作"灵魂生育"。而在这两类生育中,他更看重的是后者。在他看来,人与"睿哲""美德"结合所生育出的"灵魂分娩物"对于他的生命而言是更为紧切的。我想,身为教师的我,不正拥有着自己众多的"魂生子女"吗?如果说"身生子女"是我与爱结合的产物,那么,"魂生子女"则是我与美结合的产物;如果说前者的形貌是我在一种悬疑之后的无奈接受,那么,后者的形貌则应该是我在一番深情雕凿之后的必然所得!——吾生,你不就是我生养的孩子吗?你是我的"灵魂分娩物"啊!

当然,我也会欢笑着接受你将"吾生"解释为"我可敬的后生"。我深知,今天我们拥有怎样的课堂,明天我们将拥有怎样的社会。恰如柏拉图所言,当教师遇到一个中意的学生,"马上滔滔不绝大谈美德,大谈一个好人该是什么样、得追求什么——急切地要言传身教……"与其说我在关怀着你,不如说我在关怀着自己的明天。我愿意把你托举到一个高度,让你对这个高度着迷、上瘾,让你从此不能忍受在这个高度之下匍匐而活。吾生,你可知,我一次次做着同样的梦,我梦见自己开了一家"翅膀店",每一个孩子都可以来这里支领一对适合自己的翅膀;然后,我老了,白发飘飘,闲适地坐在长椅上,幸福地看你们飞翔。

——吾生,汝非我之所生,却又是我之所生。我不能不在意我当初的一句殷殷叮嘱如今长成了你身上

张增凯老师所写的"吾生"

的哪一块骨骼，我不能不去想我今朝的一汪苦泪可否期待你于明日酿成一樽美酒。

吾生，须知，无论你为官为民，身后都有一双寄望的眼睛，愿你向善而行、向上而行、向美而行；无论你置身海角天涯，为师都祝你身携一个行走的母校，无惧，亦无忧。

那满满一竹篮水啊

早年教过一个叫杨蒙的学生，写诗着了魔。有时听我的语文课，他突然目光空洞、迷茫，我知道他一准是在构思诗了，便转移了视线，不去扰他。

一次练笔，他脸上漾着得意的笑，交给了我这样一首小诗——

> 我家小妹妹
> 提着竹篮去打水
> 妈妈说
> 竹篮怎能打来水
> 妹妹说
> 可我明明
> 打了满满一篮水
> 一路上
> 花儿要我喂
> 草儿要我喂
> 等我回到家
> 没了一篮水

我得承认，我一下子就不可救药地迷上了这首诗，兴致勃勃地把它拿给对坐的老同事看，不料，他看后冷冷地说：“这不是痴人说梦吗？拿竹篮子，打了满满一篮水？还喂花喂草？——喊！亏他想得出！”

我听了，心里为这个孩子鸣不平，却讲不出道理。

后来,我偶然读到了一个美国学生的"痴人说梦"——有人在草丛里发现了一个巨大的蛋,这个说是恐龙蛋,那个说是鸵鸟蛋,一个认真的小孩便拿回家去孵那个蛋,蛋壳裂开了,从里面蹦出了美国总统。这篇想象作文,引起了美国民众的极大兴趣。大家为这篇文章喝彩,觉得它"妙极了"。

我把那篇"妙极了"的作文拿到课堂上,读给我的学生们听。他们听了,不欢笑,不喝彩。半晌,有个怯怯的女声朝我飘来:"总统知道了会不会生气呀?"

——瞧,想象力在我们面前跳芭蕾,不懂得欣赏的人却只管死盯着舞台上的追光灯问:"它究竟是多少瓦的呀?"

时间越久,我越喜欢那首无题小诗。我甚至觉得那是我亲身经历过的一个场景——我家小妹妹,梳着两个翘翘的羊角辫,提着一只半旧的竹篮,一弯腰,就从清澈见底的河里晃晃荡荡打了一篮水。干净的阳光照耀着她。她一路欢歌,与花儿草儿分享着那篮清水——唔,就连她小裙子上的花儿也分到了一些呢……今天,我多想让当年的小作者知道,当我坐在干渴的日子里,听着来自四面八方的干渴的声音,自救的本能,使我一次次遁入这首玲珑小诗。吟诵间,我看见自己的汗毛孔里开出一万朵水灵灵的花。

——蛋壳里不一定非要孵出来一只鸟,装满水的不一定非要是一只桶。想象力比"正确答案"重要千百倍。当你能够快乐地尾随"我家小妹妹"打一竹

张丽钧校长作文学讲座

篮意念的水、浇一路精神的花，你就成了一个琴心智者，一个剑胆仁人。

门的悬念

学校大厅的门被踢破了。

——可怜的门，自打安上那天起，几乎就没有一天不挨踢。十五六岁的少年，正是撒欢儿尥蹶子的年龄。用脚开门，用脚关门，早成了不足为奇的大众行为。学校教导员为此伤透了脑筋，他曾在门上张贴过五花八门的警示语，什么"足下留情""我是门，我也怕痛"，诸如此类，不一而足。可是，过不了几天，少年们就用图案各异的履底，把那一条条妙语"阅读"得面目全非。

今天，大厅的门终于被踢破了。教导员找到校长，提议说，该把那门换换了，这一回呀，千万可不能再安装木门啦！干脆，换成大铁门——他们脚上不是长着牙吗？那就让他们去"啃"那铁家伙吧！

校长笑了，说，放心吧，我已经订做了最坚固的门。

开滦一中的玻璃门

很快，旧门被拆下来，新门被装上去。

新装的大门似乎挺带"人缘"，装上以后居然没有挨过一次踢。孩子们走到门口，总是不由自主地放慢脚步。每一双手在抬起的时候，都悄悄拿掉了重量。阳光随着门扉旋转，灿灿的金子洒了少年一身一脸。穿越的时刻，少年的心感到了爱与被爱的欣幸。

这道门怎能不坚固——它捧出一份足金的信任，它把一个易碎的梦大胆交到孩子们手中，让他们在美丽的忧惧中学会了珍惜与呵护。

——这是一道玻璃门。

注：本节被选入高中《语文》第五册，人民教育出版社。

附 录

学校典型建筑

学校介绍

追求教育之美

——唐山市开滦一中"21美"

何谓"教育之美"？教育之美，就是使一所平凡的学校成为千万人顾念的精神故乡；教育之美，就是使一个清贫的教师有笑傲富豪的充分缘由；教育之美，就是使一个角落里的孩子有勇气仰着脸走到舞台中央。

（1）回溯历史之美。

开滦一中建校于1927年。开一的历史隧道中有三盏明灯：一是"爱国灯"——抗美援朝，开一144名男生雄赳赳跨过鸭绿江；二是"科学灯"——

开一是著名数学家张广厚的母校;三是"康体灯"——1954年开一与清华大学共同成为全国"劳卫制"两个试点校。这三盏明灯即是开一今日培养"心健、脑健、体健'三健牌'人才"的"恒定光源"。

(2)打造文化之美。

2004年,我们重释了"校训",提炼了十大教育理念,确定了"校色"和"校园标准字",并将我校的核心文化定位为"凤文化"。以"凤文化"作为轴心,我们推出了——"凤娃""凤闻""凤辩",《凤魂》《凤鸣》《凤飞》《凤仪》《凤德》《凤翔》《凤腾》《凤韵》《凤舞》《凤纛》《凤思》。2013年,我应国家教育行政学院之邀,举办"唐山市开滦一中——一所崇尚'凤文化'的学校"的讲座,该讲座已成为全国基础教育管理人员培训重点课程。

(3)共沐道德之美。

我校先后推出了《开滦一中学生道德细节50问》《开滦一中教师道德细节50问》。我们的两个"道德细节50问"被"中国文明网"全文发表,辐射全国;此外,我校的"三个爱心牌""三个集体流泪的节日""六亲近""十盛会"等诸多别开生面的活动曾多次登上《中国教育报》。

(4)传承红色之美。

我校有三个大大的"国字号"——首先是"开一国旗班"。开一国旗班拜师天安门国旗护卫队。我们曾到盲聋哑学校、四幼等八校"送升旗"。其次是"开一爱国讲座"和"开一国防基金"。

(5)唤醒悲悯之美。

我们特别看重"柔软的力量"。2001年起,我们在工人医院设立了"开滦一中爱心鲜花病房";学校有"三个三分田",年年种植农作物,为的是培养孩子的"悯农情怀";我们启动了"珍珠生家庭一日务农"活动,我带老师们到"珍珠生"家农田去干农活。

(6)欣赏差异之美。

2008年,我校明确提出"错位发展,差异竞争"的办学定位。我们成立了"广厚班""珍珠班""珍珠精神班""创意精英班""翻转课堂实验班"等。竭力为每一个孩子制造"焦点时刻",竭力让每一个学生尝到"心灵受宠"的滋味。

我们坚信"人人有才，人无全才，人尽其才，人人成才"。

（7）领略国学之美。

"国学全覆盖"是我校的一个特点；"诗词英雄大赛""汉字英雄大赛"是我校的品牌活动；我校的电子屏常年打出应季的唐诗宋词；我校的铁艺围栏警示牌，早已成为我市人见人爱、校见校仿的一道风景。

（8）激扬写作之美。

我迄今发表各类文章2000多篇，有9篇文章被选入我国和新加坡的《语文》课本；我的文章连续18次上了高考、中考试卷……我愿意将自己的"长板"变为所有开一学生的"长板"。我坚持常年举办写作讲座，为学生推荐发表文章，邀请全国著名作家来校作讲座。2014年，我校成为"全国示范文学校园"。

（9）苦育诚信之美。

我校的"诚信考场""诚信书吧""诚信报台"都带着鲜明的开一印记。我们的学生在"诚信"这一场场特殊的考试中得了高分。"以诚信赢取尊严"，已成为开一学子的共识。

（10）力倡亮剑之美。

我们坚持开展"铸师魂、厚师德、强师志、增师能、扬师名"活动。以"班主任节""百花奖赛课""青年教师基本功大赛""中老年教师再成长""三省三校同课异构"和"感动开一十大人物"评选、"开一好人"评选等活动为载体，敦促教师的精神、业务双成长。

（11）追索热血之美。

"开一热血教师""开一热血班主任"，这是我校的两个特设奖项。我们的颁奖典礼是一场洗礼。由学生制作赞美老师的视频，由学生着盛装为老师颁奖。音乐响起，台上台下一片泪光……

（12）乐享育珠之美。

我校于2008年向新华爱心教育基金会申办了"珍珠班"。我们提炼了20字"珍珠精神"，制定了"珍珠班班训""珍珠班班歌""珍珠班誓词"。自2008年至今，我们已经培育了323名珍珠生，其中2011届珍珠生张一帆同学勇摘"唐山市高考理科状元"的桂冠。河北教育出版社为我们出版了《最珍珠——唐山市开滦一中首届珍珠生成长记历》一书。

（13）培植艺体之美。

我们提出："用体育塑造灵魂""让艺术无处不在"。作为河北省体育项目传统校，我校每年举办为期一个月的"体育节"。"轮滑秀""抖空竹""花样跳绳"……这些项目是我们"开一人"的最爱。"操场粉笔画大赛""手绘历史事件""手绘校园顽石""手绘校园井盖"等活动精彩纷呈。每年高考，"普特齐飞"是我校的最大看点。

（14）同品书香之美。

我校于2009年明确提出"海量阅读、全员阅读、便利阅读"。作为挂牌的"河北省书香校园"，我们提出"亲书六部曲"：爱书—购书—读书—聊书—编书—写书；我校教师已出书百余部。

（15）共赏墨香之美。

"字不敬，心先病"。我本人是珍珠班的作文兼习字教师，我校副校长张增凯是"校园书法家"，我校的书法兴趣班现有82名学生，每年都有"书法生"考入高校。在2014年的"母亲颂·国际少年书法大赛"活动中，我校有151名学生获奖。

（16）拓造创意之美。

"创意课堂、创意校园、创意人生"。我校自2010年成立"创意精英班"以来，我一直兼任他们的"创意与构思"教师。我们的"创意精英"们捧得了"全国宋庆龄基金""创意奖""河北省创新科技大赛"一等奖及熊博士DV作品奖等奖项。

（17）培塑性别之美。

开一的"女生课堂""男生课堂"可谓远近闻名。塑造"阳刚男生""高雅女生"是我们的课堂定位。我们把校本教材《凤翔》（女生读本）、《凤腾》（男生读本）作为礼物，送给了全国很多学校。

（18）畅享亲情之美。

"与母亲共度母亲节""咱妈劝学""亲人巡考"，这些做法我们已经坚持十几年。深度家校合作，为孩子们提供了源源不断的内驱力。

（19）谛听自然之美。

"春分冲顶""南湖踏青""花生节""山楂节""'当手机遇上海棠'主题摄影大赛"……这些活动旨在让师生们亲近自然、热爱生活。我校校园面积仅38亩，每一寸土地都尽显美丽。唐山市教育局原局长李全民在参观我校后，欣然题写一副藏头联：开满鲜花的校园，一枝独秀的文化。

（20）共建社区之美。

我校与所在的北新里社区手拉手、心贴心，协力共建。除了了解社区、美化社区之外，我校学生还与社区一些孤寡老人建立起了"模拟家庭"，彼此"爷孙"相称，其乐融融。

（21）发现安全之美。

安全，是所有的"美"存在的大前提，没有了安全，所有的"美"都将灰飞烟灭……卓越的安全工作带来了文明之美、秩序之美、利他之美、风貌之美。在2015年3月26日的"全国学校安全工作电视电话会议"上，我校作为全国唯一一所中小学校安全工作典型作大会发言。

程红兵：我眼中的学校之美

作者说
美好的教育是人的社会化与个性化的和谐统一，
理想的学校是东方教育与西方教育的和谐统一，
优秀的课程是科学精神与人文思想的和谐统一，
智慧的课堂是思维启迪与文化浸润的和谐统一，
杰出的教师是学术教育与人格培养的和谐统一，
出色的学生是仰望星空与脚踏实地的完美统一。

程红兵,教育学博士,特级教师,特级校长,现任深圳明德实验学校名誉校长。国务院政府特殊津贴专家,"全国五一劳动奖章"获得者,华东师范大学特聘教授,教育部校长培训中心兼职教授,上海市语文学会副理事长,中国教育学会初中教育专业委员会副理事长,上海市语文名师培养基地主持人。出版专著14部,发表论文200多篇,主持教育部重点课题,主持上海市哲学社会科学重点课题,获"全国优秀教师""全国师德先进个人""上海市劳模"等称号。

细节一 校园之美

孩子们，早上好！

几乎每天早上我都会在学校门口迎接来明德上学的孩子，主动向同学们问候："同学们，早上好！"碰到小学生进校，我会说："小朋友，早上好！"碰到有"专业特长"的学生，我会凸显他的专业特长："小歌星，早上好！"这一定是一个歌唱得好的孩子；"武林高手，早上好！"这一定是学校武术队的小女孩；"葫芦丝，早上好！"这一定是一个葫芦丝吹得特别棒的小男孩；"小主持人，早上好！"这一定是一个经常主持节目的小孩。

绝大多数孩子都会回应，初中生有的声音很清晰："校长好！"有的声音比较轻："早上好。"有的点点头，算是打了招呼。进入青春期的孩子各式各样，有的豪情满怀，充满自信；有的非常阳光，一脸笑容；有的低眉垂眼，甚至无精打采，有些不自然。

小学的孩子们基本上都和我互致问候、击掌进校，他们的精神状态也多种多样：有的孩子精神抖擞，声音很大；有的孩子像是没有睡醒似的，精神不振，声音也不大；大多数孩子中规中矩，声音不大不小；有的孩子一手拿着面包、牛奶，边走边吃，问候语混合着吃东西的声音，听起来有点儿怪。

学生们和我打招呼的语言不尽相同，大多数学生喊的是："早上好！""校长早上好！"有一部分学生喊的是："校长爷爷，早上好！"称呼变了，很显然，我的外表年龄和他爷爷年龄相仿，其实孩子们叫得不错，我是到了该做爷爷的年龄了。有的是先后顺序有变化："早上好，校长！"有的是先举手行礼再问候："校长好！"有的是先鞠躬敬礼再问候："程校长，早上好！"这样显得非常正式，一方面可以说是家庭教育的结果，另一方面也可以看出这个孩子有严谨的个性。

迎接学生

孩子们都和我击掌进校，但击掌的方式各式各样，大多数学生都是中规中矩地击掌，力度不大不小，少数学生力度很小。不少孩子是创造性地击掌，他们的击掌方式很好玩：有的是用一个手指头戳我的手掌；有的是用手背和我击掌，这很显然是有意和我闹着玩；有的是手臂向后一抡用力击我的掌，发出清脆的一声"啪"，然后笑哈哈地跑开了，像是得胜一般，她其实就是想显示她的击掌声比其他人的大，为此而高兴；有的是用一只手连续多次击我的掌，严格地说是连续拍我的掌，边拍边笑，开心不已；有的是两只手轮流连续击掌拍掌，拍完之后，也欢笑着跳开了，这一定是一个性格开朗的孩子；有的是跳起来拍我的掌；有的是跑过来击掌，急性子的特征立刻显现出来；有的是击掌之后顺势就握住我的手，要和我掰手腕，明显是要挑战校长的手腕力量；有的是只击掌没有问候语，一溜烟进校门了；有的是只问候"校长好！"不击掌，也一溜烟进校门了，甚至问候的时候也不正眼看着我，例行公事般地敷衍过去。有时一个时间段内，一下子涌进许多孩子，这个时候你就会看到有两三个小孩迅速退后，让其他同学先走，这很显然是懂得礼让的孩子。一个击掌可以看出学生的性格各式各样，浑然不同，有趣得很。

淘气好玩的孩子，引起了我的兴趣，有时发现一个孩子老远就把小手举得高高的，想给我重重的一击，在掌心将要碰撞的一刹那，我的手掌向上一抬，孩子没击上，意识到我的玩笑，他"哈哈哈"地笑得开心极了。每隔几天，我会换到校门口的另一边站着迎接孩子们，此时击掌，我就改换左手，这时我发现，不少孩子依然会用右手和我击掌，但总是感觉有点不太对劲，看看手掌，也没有发现什么异样；但是，也有不少孩子自然就用左手和我击掌。一两天之后，那些开始用右手击掌的小朋友，也改用左手和我击掌了；当然仍然有小朋友用右手和我左手击掌，虽然有些小别扭，但继续别扭。由此也可看出，孩子们适应变化也不是一样的，有快的，就有慢的。

我在校门口迎接孩子，老师来了，我也问候："××老师，早上好！"老师也开开心心地回应我："程校长，早上好！"也有青春依旧的老师和我击掌而过。好玩的是，有一回，英国学校的一位主任来访，非要站在我的旁边，看着学生和我击掌互致问候，他也兴奋地和学生说："Good morning！"但绝大多数孩子没反应过来，没有回礼，作为校长，我不能让他觉得咱们的孩子没有礼貌，责任感油然而生，于是赶紧一个个地把孩子叫回来，面向他喊："Good morning！"这天早上，是我最累的一个早上，因为一早上我都要顾及这位主任，相当于做了双份工作，嘿嘿，没招。哪知道他兴致大发，第二天还要站在门口，我赶紧让外事助理请他去看更精彩的校园生活，否则我又要累一早上。

有人说我在门口迎接学生是作秀，我心想：作秀就作秀吧，我可没本事管住别人的嘴。我想真正作秀的人是不可能坚持很久的，更不可能天天如此。其实他不知道我是把迎接学生作为每天最快乐的事情来享受的。当个校长真心不

早晨的问候

容易,经常要处理一些很烦的事情,常常要做的是"别人生病,我却吃药"的事情,心里窝着许多火,却不知道往哪里发泄。改变心境的唯一办法就是跟孩子们在一起,与孩子柔嫩的小手相碰,彼此传递着温暖,感觉好极了,看着一个个活泼可爱的孩子,至少烦恼暂时没有了。有两天我因为开会,不能迎接孩子,孩子就疑惑地向门卫打探:"校长爷爷今天怎么不来了?"这话传到我的耳朵里,我会陶醉好一阵子。

家长们也很感动,他们说:"校长天天迎接孩子上学,和孩子击掌,摸摸孩子的头,特别温馨。"有些人顺便就拿起手机拍照,发到朋友圈中,据说还引来不少人的点赞,当然我也管不住别人发朋友圈。

享受生活,就是享受校园里的每一天,享受每一天与孩子在一起的快乐时光。

注:此节曾发表在《未来教育家》2016年第9期。

欢乐的体育锻炼

那诗意的校园故事

2014年12月12日是周五,每周五下午是明德固定的教师会议时间,本周议题是明德导师工作交流,有4位老师发言,讲述他们的教育故事,故事感动了大家,也感动了我。作为校长,我真诚地感谢大家,感谢老师们在明德的校园里用心体察,用情呵护,用智慧去创造。即兴说了以下这番话——

学校是干什么的?老师是干什么的?作为一个从教30多年的校长,我一直在思考:在有限的学校教育里,学校最主要的意义在哪里?在有限的教学时间中,教师最有价值的工作是什么?我以为就是为学生创造精神家园,这个家园需要老师们用心去体察,用情去呵护,用智慧去创造。

用心体察。对孩子的关注和爱,始终是教师最重要的情感特质,用心体察就是走近学生,真正从空间、时间维度上充分了解学生,进而理解学生,更有效地教育学生。杨金峰老师班上有一个孩子,考试成绩永远是班级最后一名,怀着些许"恨铁不成钢"的着急,杨老师希望能帮助孩子尽快提升成绩。在与孩子妈妈的交流中，杨金峰老师渐渐了解到这个孩子特殊的童年经历：他小时候生过两次大病，大脑两次开刀，损伤严重；他父母离异，母亲再婚后又生了两个孩子，根本无暇关心和照顾他。由于脑部受过损伤，这个孩子思维相对要慢，做什么事都要慢半拍。原来，在"最后一名"的表象背后，却隐藏着这样的不幸和伤痛！从那以后，杨老师对这个孩子倾注了更多的关爱，他放慢节奏，积极鼓励，静心等待，孩子的考试成绩虽然还是最后一名，但他和自己比，有了明显的进步。这个孩子静静地成长着——按照自己的节奏和速度，而老师和学校，给了他平等的尊重和成长的空间，虽然命运多舛，但生命依然是美丽的。

用情呵护。每一个孩子都是一颗星星，闪耀着自己的光芒，孩子需要的守护，更多是在情感世界中。用情呵护，就是要用教育的情怀，发现和呵护每个孩子身上熠熠闪光的"宝藏"。杨华老师班上有一个孩子，肢体平衡有困难，体态和动作时显"异样"。但这个孩子很勇敢、有毅力，他在家里不断地练习，一次次摔跤，一次次爬起来；一次次咬紧牙关，一次次抹去眼泪；一次次面对困境，一次次寻求改变……孩子太懂事了，他表现的意志力已经超出了这个年龄所应该具有的。杨华老师发现了这个孩子身上蕴藏的"宝藏"，把这样的精神示范带到班级中，也带到这次的教师交流中，用真情呵护和鼓励了孩子的

收获劳动果实

意志力。

当我们无条件地爱孩子,为他们付出时间和真情,收获最大的往往是我们自己。因为喜欢和孩子们在一起,郭敏老师一直没时间谈恋爱,她的学生们看在眼里、放在心上,郭敏老师生日那天,孩子们为她播放了专门制作的视频,祝贺郭老师生日快乐,由衷地赞美郭老师。在视频里,孩子们大喊:"郭敏美不美?美!郭敏好不好?好!郭敏会不会有男朋友?会!郭敏,我们爱你!祝你生日快乐!"班上非常调皮的宋维翰同学特意为郭老师买来蛋糕,蛋糕上写着:"没有男朋友陪你过生日,我们陪你过生日。"老师以真情感动了孩子,孩子也用真情感动着老师,明德的孩子们太可爱了!明德的老师们太可爱了!

用智慧创造。除了倾注爱与真诚,教育还需要理性的思考,需要用智慧创造。4位老师不约而同地谈到他们不断地研究学生,尝试用不同的方法教育学生。徐婷婷老师经常家访,比照和研磨孩子在不同时空环境中的学习和生活状况,把握整体情况后,再有针对性地引导和教育。杨华老师研究班上几个特殊学生,找出产生问题的原因,对症下药。郭敏老师发现:"八(1)班,由30名同学组成,15个男生,15个女生,性别比例对等,但不对等的是他们已经升入初二,学习习惯与所处年龄不对等;学习成绩与教师付出不对等;自我要求与自视甚高不对等;纪律意识与权力意识不对等。"在郭敏老师的指导下,班级成立了"八一新闻台",建立了导师QQ空间、家长微信群、学生微信群,密切亲子关系,促进家校交流。郭敏老师说:"真切感受到了他们的成长,我为他们感到骄傲,我为八(1)班感到骄傲!"杨金峰老师对待学生不是只看表面现象,而是探究和分析内在实质,在发现"最后一名"背后的真相后,不再以统一的"分数法则"来衡量这个孩子,而是理性地尊重、耐心地辅助,自己也多了一份对于"慢教育"的思考。

置身交流现场,我被明德老师的教育故事和教育智慧深深打动。那个大脑和心灵都受过创伤的孩子,他的妈妈为他录下视频,哭诉心中无限的愧疚和歉意;那个平衡困难的孩子,心中藏着怎样的坚忍和憧憬啊;那个平日里调皮捣蛋的孩子,却在老师生日的时候表现出男子汉的担当,捧出一颗柔软、细腻的心……看到这些,听到这些,这些师生共同创造的值得珍惜的瞬间,这些师生

认真阅读的学生

共同成长所带来的感动,我禁不住一次次地流下"众人面前不轻弹"的眼泪。

如果说教育是农业,那么教师就是农夫,但教师是一个有诗人气质的农夫,做着有诗意的事业。我们默默地耕耘,我们浇水培土施肥,我们对每一棵幼苗都竭尽全力,虽然我们不知道他们什么时候开花,也不知道他们什么时候才能结果,甚至我们不敢肯定,每一棵幼苗最终都能开出多少艳丽的花,能结出多大的果实,但我们依然执着努力,耐心地等待着,静待学生成长、成人、成才,这就是诗意所在。

总有一些东西,可以抵抗时间的力量。当孩子们离开校园以后,10 年,20 年,30 年,回想起那充满诗意的校园故事,回想在学校的日子里老师陪伴他们慢慢成长,细数校园树叶下那斑驳流连的光影,在他们的心灵深处,校园就是永远的精神家园,是永远走不出的记忆风景……

注:此节曾发表在《上海教育》2015 年第 16 期。

细节二 课程之美

机缘 + 需要 = 课程

有的时候，一门课程的诞生就是一种机缘，机缘的发现是因为需要。

我一直在思考初中教学的课改生长点，几度把生长点定位在综合课程。综合课程的意义和价值毋庸置疑：着眼于培养学生解决实际问题的能力，打破学科界限，沟通学科联系，让学生真正面向生活，面向社会，面向问题。但是始终没有找到一个合适的切入口。我们都知道，无论上海市还是全国各地的初中综合课程，大都以失败告终。我以为有两个重要的原因：其一，学科过于强大，比如综合理科课程，我们过往的思路就是取消物理、化学、生物，代之以科学课程，但实际上，学科发展到今天，已经非常成熟，有一个非常严密的逻辑体系，有非常专业的学科域，一般人一般情况下无法撼动。其二，师资缺乏，我们缺乏专业的科学教师，师范院校培养的教师是分学科培养的，我们只有物理教师、化学教师、生物教师，我们没有科学教师。因为这两个无可撼动的原因，我只好把初中综合课程暂时搁置在一边。

在深圳创办明德实验学校，繁忙的工作之

余，我选择放松的唯一方式就是散步，深圳的绿化无疑是国内一线城市最好的，我常常到深圳海滨生态公园漫步，认识了这里的红树林，认识了滩涂上各式各样的鸟，印象很深的是长着一个大夹子式的嘴巴的大鸟，像是探雷器一样地在滩涂上来回扫动，后来才知道这是黑脸琵鹭在寻找食物。我常常看见高远的天空上飞翔着一队队的大鸟，不停地变换阵形，煞是好看。后来我发现在海滨公园的旁边就有红树林自然保护区，这是国家级自然保护区，出于对自然的喜爱，很想深入进去，探究一下那里究竟有些什么。

在朋友的引荐下，我如愿以偿，这近乎是个原始的红树林，除了极少数的工作人员，可以说是人迹罕至。进入其中，你不得不屏住呼吸，生怕惊扰了这里的原始居民，但你还是惊扰了它们。一会儿，一只白鹭从离你二十多米的地方突然飞起；一会儿，从草丛中飞起黑色头颈、红色翅膀的小鸟，实在可爱；一会儿，小路两旁的红色招潮蟹快速地钻进洞里；退潮之后，大片大片的湿地上成千上万，甚至是几十万条弹涂鱼在嬉戏玩耍，绝对震撼！如果能屏住呼吸，一动不动，你就可以看到极为可爱的场景，弹涂鱼们是游戏专家，又像是好动的小孩，它们不时地捉对相斗，斗到兴起，会竖起背脊上纹路非常漂亮的鳍，像是要吓唬对方，可谓仗"鳍"欺人；个头小的弹涂鱼鳍自然也小，气势不如对手，只好拔腿就跑，虽然它们其实没有腿，长得像胖胖的泥鳅，但比泥鳅好看得多。

此时此景，我产生的第一个念头就是：一定要让明德的学生来看看如此美妙的景观！通过进一步的文献查询，进而产生了建设一门湿地课程的想法，我和红树林自然保护区的徐工程师商量，

湿地观鸟

湿地研究

他十分赞赏,并给予坚定的支持,将为我们学生进入自然保护区开展课程研究提供方便,并答应亲自到明德实验学校来给孩子们做有关红树林的科普工作。我们学校的莫骏老师是一位毕业于英国利物浦大学的科学博士,曾经担任华东师范大学副教授、上海大学副研究员,是真正的科学家,他用专业的语言告诉我,湿地是一种特殊的土壤现象,是地理问题;湿地是人类之肾,它可以过滤、降解很多有害物质,是化学问题;湿地里生长、生活着许多植物、动物,又是生物问题;湿地还可以调节水流量,成为控制洪水的有效措施之一,这又是物理问题。几方面一拍即合,外部有深圳福田红树林自然保护区的强力支持,香港米埔自然保护区的支持;内部有我们学校莫骏博士领衔,将地理老师、生物老师、化学老师、物理老师组合起来,开设一门全新的拓展课程"湿地研究"的时机成熟了。

我们并不取消物理、化学、生物、地理,这些学科的强大我们无法撼动,也不必去撼动,更不可能取消,我们只是在现有学科的基础上,通过"湿地"这个载体,把四门学科打通,在它们之间架设起立交桥,整合四门学科的资源,回归生活,回归问题,让学科知识为解决问题服务。杜威的实用主义教育思想主张"从做中学",他的"教什么"从原来的"学科知识"走向了"生活"。他的学生克伯屈将此发展到极致,自创了一种新的教学法——设计教学法,即从生活中学习与有目的的行为应该进入学校，学校教育和课程不是为了生活作准备，而是生活的一部分，或者说就是生活本身。在方法上，他提出教师就是引导与协助学生经历四个有意图的行为的阶段：制定目标、计划、执行、判断。他们的生活教育思想对改变我们学校单纯的书本教育很有意义。

这门课的学习安排是一半的时间在学校学习相关理论知识，一半的时间在湿地现场做专题观察、实验研究。短短半年时间，我们的老师已经成就了一门鲜活的课程教材，明德实验学校也被"湿地国际"授予"湿地实验学校"。起因只是一次机缘。

跨学科的整合式课程教学，面向的是丰富多彩的生活实际，而不仅仅是几个学科；关注的是复杂的社会系统，而不仅仅是知识系统；着重于提高学生对问题的解决能力，而不仅仅是解题能力；着眼于提升学生的综合素养，而不仅仅是学科能力；着力于让学生树立为社会而学习，而不仅仅是为了分数学习；着意于大力培养团队学习精神，发展学生终身学习能力。

注：此节曾发表在《上海教育》2014年第12B期。

开启明德绘本花园

丰子恺先生在其《儿女》一文中说："我的心为四事所占据：天上的神明与星辰，人间的艺术与儿童。"这句话常常让我心动不已：仰望天空，敬畏神明与星辰；俯视大地，热爱艺术与儿童。这是一个艺术家、教育家崇高的人文情怀。在明德的每一天都会有许多新鲜事，是我和老师们带领学生一起创造的。

一个春光明媚的下午，我们启动了明德绘本花园的开园仪式，作为校长，我代表学校给小学一年级每个班的学生赠送近两百本绘本，孩子们兴高采烈地把书捧回教室去读。我还与学生家长们分享了一点思考。

从教30多年，我始终认为学校一定要有体育活动的呐喊声，艺术活动的歌声、乐声、喝彩声，同样必不可少的是琅琅书声，在我任教语文的几十年里，一直强调让孩子读书，每课一诗（每堂课背诵一首诗歌），每月一书（每个月读一本文学名著），而且一直坚持到高三。今天，我们明德一年级的小学生已经背

"绘本花园"启动仪式

诵了不少《三字经》《弟子规》，以及唐诗、宋词等，这些是文化，是养育学生民族精神的文化。现在我们开启明德绘本花园，就是要让明德的孩子养成喜欢阅读、自觉阅读的习惯，因为小学这个阶段是孩子形成阅读习惯的重要时期，能奠定学生人生自主阅读的基础。

在儿歌之外，选择绘本作为明德孩子们的礼物，其实有点偶然。我原本不知道绘本的意义，一个偶然的机会，一位语文老师向我推荐了绘本，怕我工作太忙没时间去购置绘本，她还亲自送了几本绘本给我。一个寂静的晚上，我真的静下心来阅读了，不知不觉地读出声来，我的声音随着故事的起伏而起伏，完全被那温煦的内容打动，不知不觉想起了我所经历的那些难以忘怀的人和事，竟流下泪来。我是一个年过半百的人，也算经历了许多人生世事，居然被一本"儿童读物"深深打动，从此在我的心扉打开了一扇很有意义的绘本之窗。真的应了"绘本适合0—99岁的人阅读"这句话。我理解绘本有两个显著的特征：一是简单的丰富，绘本故事并不复杂，情节也不曲折，但薄薄的书页中却有一个丰富的世界，包容了人间万象，蕴含着充沛的情感；二是纯真的深刻，透过孩子的口吻和视角来讲述，却充满深刻的哲学道理，令人久久回味。绘本像是一座桥梁，能帮助孩子们从家庭走向学校，从玩具走向书本，从图像世界走向文字世界，伴随着孩子们成长。

日本作家柳田邦男说过人生三读绘本：第一次，小时候，被家长抱着读；

第二次,当了父母,抱着自己的孩子读;第三次,积累无数人生经验之后再来读。这些话很有道理,我特别认同这种抱着孩子读书的方式,我希望父母和孩子依偎在一起,一页一页翻开,逐字逐句地读给孩子听。我相信这种相互依偎的温暖经年不退,甚至永远留在父母、孩子心中。我的孩提时代没有绘本,在我初当父亲的时候没有看到过绘本,我没有抱着女儿阅读绘本的温暖记忆,这是十分遗憾的。我只有盼着我的外孙出世,我会津津有味地给他讲绘本故事,我相信他一定会听得津津有味。

给家长们讲完话之后,我赶到教室,在一(4)班,兴之所至地给孩子们朗读绘本《活了一百万次的猫》。一个班35个小朋友,刚开始还有几个学生在说话,但很快就被我讲的故事吸引,当我读到作为国王的猫死了的时候,竟有一两个同学笑了,我没有粗暴地制止他们,而是更加深情地朗读故事,我用充满磁性的声音和满含深情的眼神所凝聚的力量把孩子们都吸引到故事中,让他们沉浸其中,感受故事的魅力,读到最后小白猫死了,我的眼眶也有点儿湿润了,我的声音有点儿哽咽,孩子们完全被感动了。故事讲完了,孩子们十分自然地提出了许多问题,下课的音乐声响了,我让他们带着问题自己去读一遍故事,

给学生讲绘本

再去思考。

回到办公室没多久，许多小朋友跑到我的办公室来，每个人赠送给我一张自己制作的心字形卡片，用不太整齐的汉字，用夹杂了拼音的句子，感谢我给他们送来的好书。

这一刻，我怦然心动。

注：此节发表于《上海教育》2014年第16期。文章刊出后，生活中的故事继续发展，孩子们会给其他孩子讲绘本故事了，会给家长讲绘本故事了……六一儿童节，学生还排演了绘本剧，并模仿着制作绘本。

细节三 课堂之美

教语文的多种方式

一个夏季的下午,在深圳明德实验学校,深圳市语文教师工作室、福田区语文教师工作室、明德实验学校语文组三家论道,三方分别上了一堂课,都试图在语文教学中体现课改精神。作为东道主,我作了即兴评课。

课堂之美

三堂课给我的总体感觉分别是：以中国文化教语文，以历史教语文，以学生教语文。

第一节是杨老师上的《夸父追日》，课上得非常好，杨老师是用中国文化来教语文。体现在以下几方面：

第一，成语会意。教师将课文中的关键词提出来，让学生释义，同时让学生举出同词同义的相关成语，这个方法好，将新旧联结，便于学生掌握、巩固古汉语常用词词义，也便于学生理解课文。第二，读出省略。古汉语常有省略的现象，让学生补出这些省略，进一步疏通文义。第三，读出节奏。一个逗号或句号要停顿两拍，这是古文诵读的基本规范。第四，读出层次。将文章内容分成开端、发展、高潮、结局，每个层次结尾停顿三拍，学生通过诵读就能分出文章的层次。第五，读出平仄。这是中国古代文章的独有特征，平声长而轻，仄声短而重，学生读出古人读书的腔调，味道出来了。第六，以形会意。杨老师让学生提出有价值的问题，让学生读出疑问，学生提出：夸父为何逐日？教师组织学生讨论，为了让学生读懂人物，教师把"逐"字的金文写出来，然后分别出示"逐"的两种含义，一是追赶，二是驱赶，让学生辨析课文里的逐日是追赶，还是驱赶，并说出理由。学生说出"追赶"的三重含义：追求光明、获取火种、探索自然。还说出"驱赶"的一个含义，即因干旱而驱赶太阳。其实这四种看法恰恰是学术界的四种说法。

最后教师让学生全体起立，充满深情地背诵《夸父追日》，表达对人物的尊敬。

上述方法都是传统中国文化所具有的，教师还原到教学中，让学生传承。而且之前的教学中学生没有使用过这种方法，对学生来说有一种陌生化效应，因此兴趣盎然。

如果说这堂课教学还有值得进一步提升的地方，就在于提问。一是学生提问。教师让学生提问题的环节，有一个学生提出夸父这么能喝水，他平常怎么生活？哪里有这么多水来维持他的需求？教师让其他学生举手认同，结果认同这个问题有价值的同学很少，于是教师就撇开这个问题了。问题的关键在于，提问是否有价值与有多少同学赞同是没有必然联系的，事实上教师在教学预设的过程中没有这个问题,因此不予解答。这个环节一共只有两个同学提出问题,不应轻易地撇开学生的问题,至少应该说出这个问题价值不大的原因所在。二是教师提问。教师后面提出一个问题:夸父追赶的仅仅是太阳吗?这个问题不是问题,教师已经预设了答案,学生的回答肯定是:不仅仅是太阳。这属于无疑而问,教师在问题的设置上面应该有更开放的设计。

第二节是李老师和庞老师联合上的《晏子使楚》,这堂课是以历史教语文,和前面杨老师的课相比,从教不到一年的李老师上这堂课显得比较稚嫩。课先由历史老师讲授现代国家的关系,过渡到春秋时期的外交方式,然后语文老师出场上《晏子使楚》。跨学科组合教学是为了解决今天课堂教学过程中去背景化的现象,去背景化教学导致学生只面向学科知识,不面向历史现实,久而久之弱化了学生解决实际问题的能力。这堂课文史交融、文史互证,其实是体现明德实验学校课改的一个思路。

但是,老师在上课过程中有些地方处理不好,比如,说到楚王性格,李老师给学生的答案是无礼、残暴、庸君,其中残暴的根据是楚王左右完全顺从他,他想嘲弄晏子,左右都附和。这个说法完全不合逻辑,不能因为别人的附和,反过来说此人残暴。其实细读文本,可以想象出楚王当时有几分顽皮、故意恶作剧的成分在里面,听说晏子能言善辩,想试试看他到底有多大本事,故意恶心他,结果反被晏子嘲笑,最后得出结论:君子不是随便可以耍弄的。

教师引导学生讨论:一个外交官应该具备什么素质?最后得出几条:忠于国事、善于观察、见识广泛。这种笼而统之的观点,意义不大,要让学生具体体会文本的细处,关键在于晏子"橘生淮南则为橘,生于淮北则为枳"这种思维方式,有模拟,有对比思维,有以子之矛攻子之盾的思维方式。这是这堂语文课应该让学生体会的关键所在。

课堂最后一个环节是让学生讨论今天外交官还需要具备什么素质,目的在于借古喻今,将教学与生活结合,用意是好的。教师引用万隆会议时针对有人攻击中国,轮到周恩来发言的时候,周恩来说:"我们是来交朋友的,不是来吵架的。"一下子改变了会议矛盾冲突的局面。教师的用意固然是好的,但是这个例子不是很好,与课文之间的关联度不大,还不如引用周恩来与赫鲁晓夫的一段对话更恰当。有一次周恩来和赫鲁晓夫对话,赫鲁晓夫对周恩来说:"我出身于工人阶级,你出身于地主阶级。"以此来攻击周恩来,周恩来立刻还以颜色:"我们各自都背叛了自己的阶级。"这个回答非常巧妙,也是以子之矛攻子之盾,也是对比思维,与课文关联度大。

第三节是刘老师上的《马》,这堂课是学生教语文,课堂上教师让学生充分发表意见,用学生教学生,如果录制下来,统计一下整堂课教师、学生说话的具体数量,学生说的话远远超过教师。

这堂课最大的问题在于主次不分,教师把大量的课堂时间浪费在无谓的课文概念化的分析上,诸如:家马什么特征、野马什么特征。而且这些去土壤化的分析无关文章主旨的理解,教师没有恰当地引向作者用意的分析。

针对这堂课,我想提出一个问题:有限的课堂教学时间应该放在哪里?

我以为这堂课首先要入乎其中,走进文本,读懂文章,就是作者为什么明显地褒扬野马、贬低家马?其实这是作者写这篇文章的用意所在,作者布封是法国博物学家,是人文主义思想的继承者和宣传者,借马喻人,宣扬个性解放。

其次才是出乎其外,可以辩证地看待家马、野马,把战马包括在家马中,立刻可以为家马进行辩护。需要的话再请学生参阅梁晓声的《如果我为马》。

作为语文教师,用什么方式来教语文是可以有所选择的,关键在于我们如何珍惜学生的学习时间,如果把每节课都当作最后一课,或许我们就会把最有价值的东西教给学生、教会学生。

注:此节曾发表在《教师月刊》2015年第1期。

课堂教学也是技术活

2016年年初,明德实验学校和上海语文名师开展了教学研讨活动,一个上午三节课,第一节是上海黄浦区第一中心小学教师严萍执教的《梅兰芳练功》,第二节是上海珠溪中学教师向明雄的《邹忌讽齐王纳谏》,第三节是明德实验学校教师马彦明的《颜氏家训》。以下是我的评课。

课堂教学当然要有价值判断,当然要有人文思想,当然要有课程理念,当

教学研讨活动

然应该贯彻以学生为主体的教育思想，而课堂教学过程中要真正实现正确的价值观、先进的教育思想，还需要教师掌握课堂教学技术，因为课堂是有规律的，是有方法的，教师教学还是需要历练的。既然课堂教学也是技术活，就要求教师课前精心设计，课中因势利导、循理而教。

　　三节课都是好课，因为三节课都有很强的设计感，过去我们说"备课"，现在我们说"教学设计"，同样一件事，我们更换了不同的词语来表达，我不是很喜欢频繁换概念的人，但是，对"教学设计"这个说法还是颇为赞赏的，因为就字面意义而言，"备课"强调课的准备，而"教学设计"强调要精心构思，精巧设计，至少有一个程度差异。

　　第一节严老师的课设计感体现在教什么和按照什么课堂结构来展开教学上。首先是教什么，严老师这堂课教的是语言的基础，教词句的运用，特别强化一个精确，通过让学生读、让学生说，达成让学生准确表达语句的目标，而且是逐渐展开的语句训练，由谁在干什么，逐渐添加时间、地点、人物情态，非常有序，效率非常高。对重要的语言现象给予充分的关注，一词多义："过硬的功夫"与"硬是咬着牙"中的两个"硬"的不同含义；同义词："蜚声海内外"，教师让学生说说与此意义相似的词语，让学生举一反三。语文老师都知道文章是永远教不完的，语言也是永远教不完的，因此让学生学会举一反三是一个很好的方式。整堂课训练学生的语言品质，课堂效率非常高。

　　此外，课堂结构很有设计感，先学习第5、6节，然后归纳一般规律，再让学生根据这些规律学习第 7 节，其基本逻辑结构是：由个别到一般，由一般再回到个别。通过第 5、6 节语言现象的学习，然后提炼出一般的阅读规律："读一读"，读出文章的内容；"圈一圈"，圈出体现梅兰芳顽强毅力的词语；"说一说"，说出梅兰芳苦练跷功的事例。然后教师要求学生阅读学习第 7 节，其实就是要求学生实践运用这些规律。

第二节向老师的课设计感体现在多个环节，开头让学生猜谜语，猜出教师的姓名，试图拉近师生关系，很有语文味；接着让学生看连环画，对照原文，看连环画的表达是否忠实于原文，并加以修改，这个方式是颇有新意的；向老师总结出来的文言文直译"五字诀"：增、删、留、换、调，都是指导学生直译的有效方法。

第三节马老师的课设计感首先体现在学生主体性的调动上。马老师这堂课之所以成功就在于主体还原，让学生设身处地去体验、去思考："如果你是世家大族的一员，你会怎么办？""找出一则家训，尝试解决世家大族存在的问题。""假如你是家长，你最想让孩子看到哪一则家训？""作为孩子，你最喜欢家长看到哪一则家训？"想方设法让学生变身为当事人，以主体身份去思考解决问题，让学生作为主体去发现问题，发现原因，发现相同点和不同点，让学生自己去质疑。

其次体现在教学设问的逻辑关联上。几乎课堂教学的每一个环节都是实质性关联的，而且逐层递进，开头猜字，由"老"到"孝"，由"孝"到"二十四孝"，然后让学生自己发现"二十四孝东汉到魏晋最多"，学生和老师同时产生疑问"为什么这个时期最多"，于是自然需要还原背景。追溯历史之后，马上产生疑问：世家大族为什么会衰落？还原背景，历史是很复杂的，然而课堂上必须聚焦问题，于是教师从政治、经济、精神三方面罗列历史问题，接着教师把学生引进历史现场："如果你是世家大族的一员，你会怎么办？"由此自然引出颜氏家训。接着，教师让学生阅读课文，然后再回扣前面的问题，让学生找出一则家训，尝试解决世家大族存在的问题。这些环节都是环环相扣的，问题与问题的衔接非常紧密，水到渠成，学生的思维与教师的思维同步，气氛非常融洽。

课堂教学的设计是十分重要的，但更重要的是课堂教学的实施过程，教学过程也需要老师精心实施，灵活把握。既要把控学生、紧扣学习目标，也要充分调动学生，激活学生思维；既要讲究课堂结构的形式相关，更要重视课堂逻辑的层层递进；既要放手发动学生，也要因势利导。

三堂课都有遗憾，第一堂课的问题可以概括为"控不逾矩"，教师非常强势，严格把控整课堂，不让学生越雷池一步，完全纳入教师的规矩、轨道，学生稍有越界的地方，教师马上把学生揪回来。这样教学当然有效率高的好处，但学生则完全处于被动状态。而且，教师给学生的更多的是正例，缺乏旁例和反例，学生很少犯错误，这对学生的语言习得十分不利。课堂教学过程中教师是将生就生，还是将生就师？将生就生，就是把学生放在主体位置上，分析学生的问题，就学生的实践分析学生的思维，即回到学生本体。将生就师，是把学生纳入教师的轨道上，以教师为主体。我以为不能排除有些时候需要将生就师，但课堂教学主要还是要回到学生处，将生就生，以学生为主体，关注学生问题，解决学生思维障碍。

第二堂课的遗憾可以概括为"放而不融"，向老师不是没有设计，不是没有调动学生，不是没有放手让学生阅读纠错，放手让学生自己品读，但是，这堂课师生之间总是有些隔阂，始终没有相融。也许向老师心里会想：我一开始就想调动学生，让学生猜谜语，猜教师的姓名，就是为了拉近与学生的关系；接着我又让学生看连环画，就是为了贴近学生，但整堂课气氛非常低沉，学生思维活跃不起来，课上得很不爽。这是什么原因造成的？

我以为有两个主要原因：一个是课堂结构的"隔"，一个是师生交流的"隔"。所谓课堂结构的"隔"，指的是整堂课的诸多环节缺乏内在的逻辑关联，缺乏环环相扣的紧密联系。第一环节猜教师姓名，猜完就完了，与下一个环节没有关系。然后进入词句理解，主要借助连环画的订正，疏通课文。最后进入文章特色的品读，文章语言妙处的品读。整堂课各个环节的关系，是并列式的，有点像过去的教材教参，先进行思想内容的理解，然后进行写作特色的分析。并列式的问题在于缺乏前后环环相扣的联系，尤其是公开课，教师、学生都容易紧张，如果教师的课堂结构是并列式设计，导致问题之间总是跳跃，学生思维就衔接不上，或者是衔接吃力，导致学生思维兴奋不起来，跟不上教师的课堂节奏。

所谓师生交流的"隔",就是课堂上教师平行展开诸多问题,不断地问,学生不断地答,一个问题接着一个问题,师生之间没有展开对话,教师只是让学生回答,却没有针对学生的回答加以追问;学生相互之间说话,也是各说各的,没有交集,完全处于自说自话状态。这样一来,学生与老师各自是散的,于是课堂的神就是散的。比如教师让学生品读文章的特色,有学生说"以小见大,由己及人,由家事到国事",教师没有追问,只是简单地肯定之后就跳到别的问题上了,如果教师适时向全班同学追问:以小见大就一定好吗?由己及人就必然好吗?仔细推敲课文的表达是怎样产生好的效果的?这样一来,学生的注意力都会聚焦到一个点上,讨论也因此可以走向深入。有些问题原本是见仁见智的,没有统一答案,教师根本无须纠正,比如课堂最后一个环节,教师让学生谈谈学习本课的启发,这是没有标准答案的,教师尽管让学生畅所欲言,无须规范成一体化的启发。

第三节课的问题可以概括为"随而弗导",即教师放手让学生以主体身份质疑相关家训的时候,没有及时发现学生的错误,没有及时加以指导,跟随学生思维,给予盲目肯定。课堂上教师要关注学生质疑的对错,教学现场,也许时间有限,教师一时反应不过来,但可以让学生仔细核对原文,让学生讨论对错,这样可以给教师一点缓冲的时间,保证教学的正确。比如,学生质疑"后妻必虐前妻之子",讲得头头是道,教师不加辨析,也随大流给予鼓掌肯定,其实原文有个前提"凡庸之性",这个前置语已经假设规定了是负面的人性,学生质疑"必虐"就毫无根据了。再如"积财千万,不如薄技在身",对此学生的质疑总在"好技""坏技"上,教师应该站得高一些,强调德的意义,或可改成"积财千万,不如厚德集才",将德才兼备的意思充分体现,给学生以全面的指导。

教学永远是遗憾的技术活,需要不断实践,不断反思,不断总结,只有熟练地掌握并自如地运用技术规律,才能游刃有余地实现课程目标,实现先进的教育思想。

注:此节曾发表在《未来教育家》2016年第6期。

细节四 活动之美

南国新唱毕业歌

到深圳三年,第一届初三学生毕业。2016年6月末的一天,从下午5点开始,深圳明德实验学校的毕业典礼一直持续到晚上8点多,年级长马彦明老师主持,有回顾三年生活,有任课教师临别赠言,有颁发毕业证书、奖励证书,有学生牵着父母的手上台互赠书信,热情拥抱,加上主

毕业典礼上老师寄语

持人充满激情的男中音,可以说整场典礼高潮迭起,感情的潮水一浪一浪地冲击着在场的所有老师、家长、学生的心。

我没有想到我们的孩子这么懂事,几乎每个学生在接到我给他们颁发的毕业证书时,都会说:"谢谢校长。"从来没有这么统一的礼貌过。发到宋惟翰同学时,他说了一句:"程校长,我想拥抱你!"随即,这个十来岁的男孩紧紧抱住我,一下子把我感动得要掉泪。当孩子们携手父母登台的时候,一名壮实的男学生几番拥抱爸爸妈妈,泪流不止,让台下的观众唏嘘不已。

毕业典礼上校长和孩子拥抱

我没有想到我们的老师这么多情,语文老师将自己所任教班级的学生名字串起来作了一首诗,每个班一首诗;历史老师用历史口号串起来激励学生;数理化老师各个聪明绝顶,将自己学科的专用术语组合起来,成为勉励孩子们的赠言。更令我想不到的是,美术老师高伯寅,原本是一位十分潇洒刚性、显得很酷的来自内蒙古的老师,居然在台上讲话哽咽到不能自已;身高1.9米的体育老师张宏宇，居然写出了洋洋洒洒又含情脉脉的文章，现场朗读，几番泪眼，几多动情。

　　我没有想到我们的家长这么投入，在整个毕业课程的设计过程中，家长们提出了很多建设性的意见，并积极加以实施。他们集资买了名贵树木，带着孩子们在校园里种下具有象征意义的海南黄花梨，并十分认真地吩咐孩子："等你们走上社会之后，回到校园，在树的旁边建一个漂亮的亭子。"每位家长都动情地给自己的孩子写了一封信，全程参与毕业典礼。有两位家长是专业摄影师，全程拍摄，汗流浃背，令人感叹。

　　毕业典礼的最后一项是校长讲话，因为那一刻，我的情感已经被充分调动起来了，所以根本无需讲稿，便即兴而出——

亲爱的孩子们，亲爱的家长们，亲爱的老师们：
　　晚上好！
　　今天是公元2016年6月27日，原本是个非常普通的日子，原本是个非常平常的日子，因为你们的毕业将显得不普通，因为这个毕业典礼而显得不平常，明德的历史上将记载一笔，明德首届初三毕业生顺利毕业。一个普通、平常的日子，将获得历史性的重量。

　　美国著名导演斯皮尔伯格2016年在哈佛大学毕业典礼上的讲话主题是"铭记历史，追随内心"。我非常认同这个主题。

　　我们应该铭记历史。三年历史说短不短，说长不长，这三年恰是你们成长的关键期，由儿童走向少年，这三年是你们人生一个重要的阶段。

　　回顾三年，我要感谢各位家长。想当初，正是因为你们的选择，使得我们之间有了缘分。三年相伴相随，为了共同的目标，感谢你们对孩子的精心照料、细心呵护，感谢你们对学校的理解、认同和大力支持。

　　回顾三年，我要感谢明德初三的孩子们。看着你们一天天长大，看着你们一个个知书达理的样子，我感到无比欣慰。你们记住了你们的老师，也记住了为你们服务过的保洁阿姨、水电工、保安大叔、食堂员工，你们把他们也请到台上，表达了你们的爱，表达了你们的感激。我是一个十分理性的人，但也止不住流下了眼泪,我旁边的王建德老师也老泪纵横。现在我要说:明德今天以你们为荣。

回顾三年,我要感谢明德年轻的教师们。什么是教师?有人说:所谓教师就是成人世界派往儿童世界的文化使者。文化使者承担着精神引领的作用,你们用你们的青春,用你们的智慧,用你们的汗水,用你们晚上11点钟的灯光,引领着孩子。不止如此,你们是一群有情、有义、有大爱的教师,你们用行动诠释了明德教师应有的素养。

我们应该追随内心。有人说:教育的成果就是所有知识遗忘之后所剩下的东西。孩子们,你们从明德的课程中感悟到什么,在明德的课堂上联想到什么,从明德的活动中思索到什么?明德开设"中华文化原典阅读",就是以两千多年的中华文化精髓来滋养你们的心灵,我们希望从明德走出去的明德人身上具有中华文化的基因。明德开设的湿地研究课程,就是将学科知识打通,让知识成为解决问题的资源,让你们学会如何整合学科知识,面向社会生活,解决实际问题,提升你们的能力。明德开设的国外游学课程,就是要提升你们的国际理解能力、国际交流能力,就是要开阔你们的国际视野。

明德组织的贵州山区之行,就是让你们看看中国贫困地区的样貌,看看你们的同龄人以及比你们更小的孩子们的生活状况,让你们懂得中国不仅有京沪广深,还有贫困山区,还有西部农村,让你们明白何为中国,明白自己的责任。明德组织的社会考察,到腾讯、到大疆、到联通,就是要你们理解社会的需要,学会规划自己的未来。

明德希望你们不但有知识,而且有能力;不但有能力,而且有视野;不但有视野,而且有情怀;不但有情怀,而且有责任。"明德正心,自由人格"就是明德人最重要的核心素养。

铭记历史,追随内心,就是要更好地面向未来,未来需要你们仰望星空,并脚踏实地。

就快到和大家说再见的时候了,这是校长和你们互说再见,是老师和你们互说再见,而你们和明德不用说再见,因为你们就是明德,无论你们走到哪里,你们身上都有明德的基因,走到哪里你们都代表着明德,你们就是自由飞舞的明德小精灵。明德不仅是围墙里的明德，不仅仅意味着碧海校区和香蜜湖校区，明德还意味着明德的历史，意味着明德的教师，意味着明德的每一个学生。

最后衷心地祝福你们！祝福你们幸福快乐，健康成长！

当毕业典礼结束之时，在毕业歌的音乐伴奏下，我们所有的老师在剧场门口和家长一一握手，和所有的孩子击掌道别，家长们激动地说："明德真是好学校，我要把第二个孩子也送进来。"孩子们纷纷拉着老师、校长合影，其情也深，其心也真。

南国第一个毕业典礼圆满结束，难忘今宵。

注：此节曾发表在《未来教育家》2016年第7期。

附　录

学校典型建筑

学校介绍

深圳明德实验学校是一所12年一体化的公立委托管理学校。创建于2013年，是深圳市福田区政府和腾讯公益慈善基金会合作办学的一所改革实验学校，福田区人民政府、腾讯公益慈善基金会共同组成深圳市明德实验教育基金会、明德校董会，是委托管理方、学校管理主体，学校实行董事会领导下的校长负责制，学校董事会为学校的最高管理、决策机构，具体承担办学责任。校长向校董会负责，校长及其管理团队负责拟定学校的办学规划，实施学校管理。学校先后荣获深圳市"教育创新特色学校""最具变革力学校"等称号。

华应龙：爱在细节中

作者说
做教师的最高境界是
以人化人。
错若化开,
成长自来。
走自己的路,
让别人走得更好。

华应龙，全国著名特级教师，正高级教师，"苏派名师"，首批"首都基础教育名家"。现任北京第二实验小学副校长，北京教育学院、北京师范大学、教育部小学校长培训中心兼职教授。

从教 30 多年来，致力于探索"化错教育"，荣获北京市西城区委区政府"突出贡献人才"奖、北京市政府教学成果一等奖、首届国家级教学成果二等奖、首届全国教育改革创新奖、首届"明远教育奖"。出版专著《我就是数学》《我这样教数学》《华应龙与化错教学》等。

获《人民日报》《光明日报》《北京日报》《中国教育报》《人民教育》和中央电视台、北京电视台等 20 多家媒体多次报道。2012 年、2013 年，北京教科院基教研中心和西城区教委、人民教育家研究院和江苏省教研室分别举办了"华应龙教学思想研讨会"。2016 年成立了"华应龙和化错教育研究中心"。

细节一　模糊之美

"大约"在二小

在教学管理中，校长们常常会收到家长反映教学问题的信件。一般来说，这些信件反映的问题都挺棘手，不容易处理。因为如果是一般的问题，家长是不会写信反映的。如何提升处理这类问题的质量呢？我们分享下面的案例——

1. 家长信中反映的问题

2014年9月1日，新学期刚开始，李烈校长转给我一封学生家长的信，说上学期五年级数学期末试卷中一道试题评分标准错误，"20"不该算对。

试题是——

一张单人课桌抽屉的长、宽、高分别是50厘米、30厘米、13厘米，这样的一张单人课桌抽屉里面大约能放（　　）个棱长是1分米的粉笔盒。

毫无疑问，这道题主要是为了考查学生的空间观念是否真正建立起来，看到数据能不能在头脑中形成表象，能不能灵活解决问题，而不是生搬硬套。这道题的正确答案是"15"。

在阅卷过程中，年级主任拿着试卷找我说

"20"也该算对。理由是学生的思路完全正确，只是看到题目中的"大约"两字，因此就把"15"四舍五入成"20"了。

当然，学生也可能是把错误答案"19.5"四舍五入成"20"的。因为是填空题，所以无法一一考究学生的思维过程。但如果判"20"为错，那"由15四舍五入成20"的学生确实有些冤。因此，我同意"20"算对，要求在评讲试卷中提醒学生以后不能见到"大约"就四舍五入。

没想到学生家长较起真来！

2. 我们的纠结

李校长说："小华，生活中有把'15'四舍五入到'20'的吗？并且'20'绝对是错的，放不下啊。纠正吧！"

我有些纠结。怎么纠正？已经入了档案的学生试卷上要改正吗？登分表改吗？学生评价手册上的成绩改吗？怎么对学生解释？谁来解释？全年级600名学生集中到礼堂，我来纠正，还是各班纠正？纠正之后，会不会写"20"的学生的家长又来要说法……

我和年级主任沟通之后，他们找来了学生确实由"15"改成"20"的试卷，问我这样评判算不算"求真"？

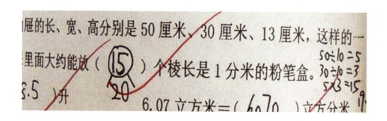

并且，五（1）班魏佳茗和五（11）班章佳驰同学的试卷可以清楚地看出是反复改了5次之后最终敲定的"20"。

一道好题就由于我命题时没有推敲"大约"可能带来的后果，变成了烫手山芋。我后悔不已。

都是"大约"惹的祸。

命题时，我为什么要加"大约"呢？因为粉笔盒并不是标准的正方体，往往是长方体，并且棱长也不是准确的 1 分米。但是，如果我把"大约"后移就会妥当些：这样的一张单人课桌抽屉里面能放（　　）个棱长大约是 1 分米的粉笔盒。

如果我承认自己命题考虑不周，造成了学生左右为难，所以这道题作废，这样处理是否更好一些呢？

3. 行政会上的探讨

第三周的行政会上，六年级组作了题为《"求真"的思考》的发言，把这个问题作为案例呈现了出来。李烈校长组织大家各抒己见。有主任说："标准答案应该是'15'，只看'20'我会判错。但能够不只看答案，看结果，还看学生的解题过程，这是一种进步。"一位副校长说："对于这道题的讨论，就是我们要以开放的心态对待学生的结果。从案例中，我们看到了学生的思维过程留有痕迹，画画算算，这是很好的学习习惯。"另一位主任建议说："如果这道题把'大约'改成'最多'就好了。"一位校长助理说："为孩子找理由的时候，有一种'阴暗的心理'，就是为学生争分。"我也作了说明和反思。

最后，李烈校长作了近一个小时的总结。李校长说："第一，我很欣赏六年级组拿出这个案例进行分析，大家聚焦学生的解答，落点在'求真'。他们这种做法，以及对这道题的反思，都是求真精神的一种表现，我真的非常欣赏。

"第二，课改这么多年来，有一个非常突出的特点就是学生学的是生活中的数学。因此，从这个角度上讲，诸多想法，谁为本？本就是结合生活实际的考虑。这样一个课桌的抽屉，20 个放得进去吗？19 个放得进去吗？16 个放得进去吗？所有的想法都有道理。但是，15 以上的答案，不管有什么道理，是不符合生活实际的。

"学生为什么有这个结果呀？学得死，看见'大约'就要四舍五入。求近似数只有四舍五入吗？还学了去尾法，怎么不用？刚才小华解释他出这道题的时候为什么用'大约'，小华也说今后出题再严谨些，把'大约'放后面就好了；还有一种建议说如果这道题用'最多'就好了。我要问：把'大约'放后面或者换成'最多'就什么矛盾都没了，答案就唯一了？但真要那样就有价值吗？未必。所以这个'大约'，我可以理解成是诚心考查学生的。

"第三，我们现在思考，就把'大约'放在这儿，一定就能招来那么多答案吗？这道题学生最容易出错的地方就是用大体积除以小体积。可以说是'大约'捣了乱，但它反映的是学生的空间观念没建立起来。如果空间观念建立起来了，会被'大约'两个字带跑吗？而且跑得那么邪门？600个学生只有100个真正对了？所以，我觉得小华这个'大约'出得多有价值啊！不然还不知道有那么多的孩子空间观念没有建立起来，或者说建立得不稳固。如果说孩子的空间观念建立起来了，'大约'给捣乱了，孩子们应该嚷嚷起来了，应该不干了。这道题就应该是有学生写好多话，质疑为什么要用'大约'。我觉得如果学生们在试卷上写那么一段话，可以算他对。但没有。如果说我们有80%以上的学生都对了，我可以说绝大多数学生的空间观念建立起来了。如果从这个角度去看的话，小华，庆幸你出了个'大约'。我们的期末考试考什么呢？近似值这个知识价值何在？小学数学的意义何在？学生在考场上没法质疑，就在卷子上质疑，那是好样的。我们要奠基呀，为基础奠基呀，在奠基的基础上站得住。

"第四，刚才我们有的干部说，要看到过程，没看到的话，把学生找来问问。我想说这些做法都可以，但这些工作的目的和价值是真正走近学生，看学生是怎样想的，问题出在哪里，我们怎么有针对性地进行下一步教学，而不能因此破坏了期末考试的严肃性。诸位，考大学有地方跟人家讲一讲我是怎么想的吗？可能吗？做不到。到什么时候都做不到。为什么期末考试我们的任课教师不进本班教室？为什么我们期末考试的时候学生座位要分得足够开？为什么我们是轮流监考场？为什么我们阅卷的时候是组间交换、流水作业？这不是不信任，而是为了保证期末考试的严肃性。这是不可撼动的。当然，期末考试的严肃性并不意味着错了也不认错，如果真的这道题出错了，就是另外的处理办法了。"

醍醐灌顶，通透敞亮！

没想到一个"大约"引出了这么多的话题，这么深刻的思考。李校长小中见大，由近及远，看到事件的背后，犹似歌德谈读书：经验丰富的人读书用两只眼睛，一只眼睛看到纸面上的话，另一只眼睛看到纸的背面。

从李烈校长高屋建瓴的引领中，我感受到了她对小学教育、小学数学教育的定位，这个奠基是高站位的，全方位的，是为了学生全面发展和终身学习的；感受到了李烈校长的评价观、质量观和工作作风，她善于抓住一切资源，引领二小人向问题学习；感受到了李烈校长宽广深入的视域和独具只眼的智慧。

听完李烈校长的这段话，我想到了一个成语——"香象渡河"。

香象渡河出自《优婆塞戒经》："如恒河水，三兽俱渡，兔、马、香象。兔不至底，浮水而过；马或至底，或不至底；象则尽底。"用兔、马、象这三种动物渡过恒河的不同情况来比喻参禅悟道的不同境界。有的人在修禅时，对佛法的领悟就好像兔渡河时"不至底，浮水而过"，只得到了佛法的皮毛，是"小乘"证道；有的人则如马渡河时"或至底，或不至底"，只得到了佛法的骨肉，是"中乘"证道；而如来则"犹如香象"，得到了佛法的精髓，是真正的"大乘"证道。

我有时候是"兔"，有时候是"马"，往往得过且过，满足于"差不多"，停留在"大约"。李烈校长就是悟道精深的香象，顶天立地，脚踏实地，让她身边的人五体投地。

我不能止步于五体投地。五体投地之后，要站直了，一步一个脚印地走下去，坚持到底，才能不断精进，向"香象"靠近……

"大约"在二小，不是"大约"，而是"精确"，而是"彻底"。从这次"大约"事件中，我进一步体认了——

命题是一个专业的活，马虎不得，要有"吟安一个字，捻断数茎须"的精神。

阅卷是一件严肃的事，标准的变动须谨慎，因为考试具有导向功能，可以有效地改进教学。要记住纪伯伦的诗句："我们已经走得很远，以至于忘记了为什么而出发。"

管理是一项人心工程，不能就事论事，要就事论理，传递正能量，把解决问题、管理育人和激发热忱联系起来。当我和同事们都认为"大约"惹祸了，李校长却看到了"过"中之"功"，鞭辟入里、香象渡河地分析"小华，庆幸你出了个'大约'"，我被深深地感动了。做管理工作，就要常常回味李烈校长的话："谅人之过，念人之功，让自己的天空常蓝，让他人内心温暖。"

一树一菩提，一沙一世界

我曾有幸观摩北京第二实验小学李烈校长的《能被3整除的数》这堂课，获益良多。特别是巩固练习阶段的5分钟，我认为高度浓缩了她的教育思想和教学风格。

以下为教学实录：

师：老师这儿有10张数字卡片，你们看看是从几到几？这儿也有10张，看看是从几到几？

（教师分别在两块磁性小黑板上快速摆放数字卡片，顺序不同。）

生：（齐）两边的数字一样，都是从0—9这10个数字。

师：下面我们做这样的练习，我想把同学们分成两大组，来个比赛，好吗？

生：好！

师：赛什么呢？我请第一大组的同学用这边10张中的3张，组成同时能被2、3整除的三位数。请第二大组的同学用这边10张中的3张，组成同时能被5、3整除的，也是三位数。怎么比呢？咱们每个大组选两位代表到前面来，第一位代表先选3张卡片组成一个数，第二位代表从剩下的卡片中取3张接着组成第2个数，听明白了吗？（生点头）你所选出的代表的对错，和你们的胜负有直接关系。如果他错了，你们可以参与，下面的同学可以说出来告诉他，也可以到前边来帮忙。请赶紧推举两位代表。

（老师组织同学们分别推举了两位代表到黑板上完成练习。第一组很快组出两个三位数；而第二组第一位代表很快组出第一个数字150后，第二位代表却迟迟没有动手，抓耳挠腮。第二大组的同学可着急了，几个同学按捺不住，也跑了上来，但是由于规定只能用剩下的数字卡片组数，所以谁也没有办法完成第二个任务。"怎么回事呢？"大家迅速讨论起来。突然，一个同学跑上前，把150中的5换成了8，然后组成了第二个数435。全组欢呼。师生共同评判出两组答案均正确后——）

师：两个组的两个数都对了，从速度上看，谁快？

生：第一组快。

师：在速度上第二组慢了点，按照这个评判，该是——

生：第一组赢了。

师：第二组的同学，有什么想法吗？（第二组的同学们面面相觑，没人吭声。）

师：我想替第二组说句话，第二组的这道题比第一组的难。（稍停，学生一筹莫展。老师再等五六秒钟，无人应答。）因为首先，第二组题符合要求的个位数字只有5和0两种情况，你想：有第三种情况吗？而第一组的可能有多种情况，所以，第二组的题目要难一点儿，是吗？其次，我放卡片的时候，给第二组的同学设了一个"陷阱"，别的卡片是我随便放的，但是前面3张卡片我故意放了1、5、0，并且与后面的卡片留有一点空隙。能明白老师的意思吗？

（全班同学都乐了）

师：（眼看那位把5换成8的同学）你怎么想到把第一个数中的5换成8的呢？

生：因为能被5整除数的个位必须是0或者5，第一个数如果组150，把0和5都用完了，剩下的卡片绝对不可能再组成能被5整除的数，所以需要从第一个数中换出卡片5或者0。

师：其他同学同意吗？（全体学生鼓掌）说得太好啦！

从这儿可以看出，实际上第二组题比第一组题难得多，不过第二组的同学们齐心协力，开动脑筋，终于巧妙地跳出了"陷阱"，虽然慢了点，但我觉得他们还是很棒的，所以我建议这次比赛咱们就——

生：（齐）并列第一。

师：很好，自我祝贺一下。（同学们很高兴地鼓掌）

师：这两道题，是不是只能组黑板上这些数呢？究竟有多少种不同的答案呢？有兴趣的同学课后可以继续研究研究。

精心创设比赛"场"，津津乐学获真知。一般而言，学生都认为数学枯燥无味。首先，教者让学生以比赛的形式进行练习，实际上是创设了一种愉悦的学习情境，这种情境激活了学生争先恐后的心理，产生了强烈的解决问题的兴趣与欲望。在这样的情境中，学生真正从学习活动本身体验到学习的快乐和满足，并在活动中体验到获得成功的欢乐。同时，让学生体会到"只要踏进了'数学'的大门，你们随时随地都会发现数学上也有许许多多有趣味的东西"（华罗庚语），产生爱学数学的情感。

其次，在正确看待比赛结果，合理评价自己和他人这一问题上，教者可谓用心良苦。我们一贯的思维习惯是看重结果，比如竞赛总想分个高低上下、好差优劣，而在这次比赛中教者有意无意地让学生明白，比赛的结果仅仅是个形式而已，更重要的是过程，过程才是最有意义、最有意味的；竞争的结果不一定是你赢我输，也可以是我胜你胜，双赢双胜。在老师的引导下，学生们自己由衷评判出"并列第一"，真是难能可贵。无形中也教会了学生以一种正确的心态去面对生活中的竞争。

不露痕迹设"陷阱"，引导合作促发展。教者有意将第二组题的"1、5、0"组合在一起，放在最前面，并与后面的卡片稍分开一点，而在摆放卡片的过程中却无丝毫刻意的痕迹，都是一挥手将卡片摊开，参与比赛的双方都没有丝毫觉察。一个"美丽的陷阱"就这样设置了。第一位代表果然上当，这就促使其他同学通力合作，想办法跳出"陷阱"。这样，无形中把学生的思维从表面引向实质，由片面引向全面，不能单单想到150能同时被5、3整除，还要去考虑一个关键的问题：能被5整除的数的末尾必须是0或5，而150把0和5都用完了，剩下的卡片自然无法再组成符合要求的数了。唯具有较强的合作意识才能取得最后的成功，这或许正是教者"不露痕迹"的本意。当今社会，竞争日趋激烈，竞争的成败往往取决于人们的合作。团队意识和合作精神是现代人素质的重要组成部分。这一片段，让学生在参与中体验到挫折，在挫折中体验到合作，在合作中体验到成功，促进了学生社会化的进程。

到黑板上完成练习的学生，并不是老师指派的，而是学生自己推举产生的，这是一种对学生的尊重，让学生有一种代表意识。这样，不管是代表还是非代表，都会把对方当作尊重的合作伙伴，为一个共同的目标而主动、积极地努力。

这道竞赛题，很显然是结果不唯一的开放题。它让学生走出线性思维的圈子，强调思维的发散性，比如跳出"陷阱"时，对于"150"，可以换去5，也可以换去0，十位数或百位数也都有多种可能，这就显示出思维的灵活性、多向性和选择性。在学生思维的闸门被打开之后，李烈老师适可而止，只用一句"究竟有多少种不同的答案呢？有兴趣的同学课后可以继续研究研究"，就把学生由课内引向课外，留给学生思维的时空，给学生以再发展的余地。"见好就收，方余味无穷"，李老师深谙其中真谛。

有些认识只靠讲是不行的，有些错误只靠事前的提醒也是难以避免的，只能是在错误当中去分析，只能是在出错之后去吸取教训。当教师把所设下的"陷阱"挑明之后，同学们全乐了。这个情景对于他们来说，印象太深刻了。学生很可能会记一辈子，当然其中的收获也会伴随孩子们的一生。李老师"让学生摔倒了再爬起来"，这一招用得真绝！

这一片段于从容不迫之间，给予学生尽情的轻松、自由、自主，通过知识技能的传授，最大限度地挖掘教学内容的潜能，以实现教学的发展功效和育人功能，体现了教者"实而不死，活而不乱，易中求深，情理交融"的教学特色。围绕这道竞赛题的组织，折射出李烈老师不只是在教书，更是在育人；她不仅是经师，而且是人师。

回味李烈老师的课，反思自己的教学，觉得差距表现在很多方面，但更多的是缺少对细节的深层关注。

细节是一种关注，一种体察，一种创意。关注、体察和创意让看起来只是细节的细节变得富有灵性，充盈着灵动的智慧，洋溢着人性的光辉。一树一菩提，一沙一世界，世界的一切原本由细节构成。课堂上的细节是教师教育观念的一种流露，教学风格的一种表达，教育功力的一种展现。

细节二　仁善之美

爱在细节中

"云中谁寄锦书来？"2008年9月9日晚上10点37分18秒，我收到一位陌生朋友发来的短信——

人生不能缺少的九类朋友：一是激励你让你看到自己的优点，提醒你让你看到自己的不足的朋友。二是维护你，并能在别人面前称赞你的朋友。三是和你的兴趣相近的朋友。四是能把你介绍给志同道合的人的朋友。五是能让你全身心放松的朋友。六是能让你有机会接触新观点、新事物的朋友。七是帮助你理清工作和生活思路的朋友。八是有了好消息总是在第一时间告诉你，与你分享喜悦的朋友。九是当你遇到困难和挫折时能向你伸出援助之手的朋友。

现在的世界就是这样奇妙，同一时刻，哈尔滨的朋友和海南岛的朋友会发来一条相同的曼妙短信。

细细回味这条短信，我频频点头。人生确实不能缺少这九类朋友，拥有了这九类朋友的人生一定是幸福的。

回想自己在农村教书时，袁恒美、曹德义、陆腾驹、张志友、刘卫荣、段圣祥、刘志洲、颜夕伦、陈长高、李宝喜、丁庆富、周祥、丁兆根、张法源、于昌全、陈今晨、柯恒、柳夕浪、程广友、吴瑞祥、蒋鹤林、张文祥、张英稳、苏大伟、丁锦华、张兴华等等，都是我生命中不能缺少的九类朋友。

这九类朋友可能是一帮朋友，也可能是集九类于一身的一位朋友。也许您不信，怎么可能是一位朋友呢？北京第二实验小学李烈校长就是其中的一位，容我慢慢道来——

"一是激励你让你看到自己的优点，提醒你让你看到自己的不足的朋友。"

全国各地来校考察的同行可能会记得李烈校长夸奖我的话语："我们小华最大的优点是有自己的思想，有自己的思考。不管什么人、什么事，他都会质疑。他的课常常让人耳目一新。""我们小华对中华传统文化的领悟，功底深厚，古人的话语随手拈来，是那么的从容、自然。"

对于我的不足，李烈校长也是直言不讳。她经常把我叫到办公室，或严

2009年，聆听李烈校长指导教学

厉尖锐地批评，或语重心长地教导："你只想着自己了，没有考虑别人的感受。""要学会沟通，让老师们接受你。"甚至当着全体老师的面，说："小华，你再不好好练普通话，错一个字罚50元。"现在，我回到老家江苏南通，昔日的同事会夸奖我普通话进步真大。

一个秉承"修行自己，善待他人，一切适度"的人，一定是给人以成长力量、温暖的朋友。

"二是维护你，并能在别人面前称赞你的朋友。"

调进北京之后，我的人脉和教学上的影响力基本归零，体贴入微的李校长帮我争取了很多展示的机会。校外，2002年，在西城区"金秋杯"教学大赛开幕式上上展示课。校内，每当我上完观摩课，她都会真诚地感慨："现在我的课上不过小华了。"（李校长是全国第一届教学大赛的一等奖第一名，她的课令所有人为之倾倒。）然后会非常专业地条分缕析，切中肯綮，令老师们频频点头。

2009年6月21日，20点50分，张梅玲教授发给我一则短信："应龙，从李烈处得知你工作不错。从校长的角色看，进步很大。她对你是满意的。我为你高兴。认真学习李烈对老师们的亲和力以及对教育的执着力。我想，人生旅途上能和她共事应该也是一种幸福，对吗？你的大作一定要抓紧，时间均是挤出来的。另外，我很希望你出一本'华应龙教学随笔'，即把现有的短文汇集起来出一本小型口袋书，女老师包小，小型书可以随身带。书不求全，不求完美，但求真实恳切有思考。也可叫'华应龙课堂教学散文集'。我个人认为书出得应像你的人。"

我常常能从圈子内外的朋友那里，听到李校长对我的认可和赞赏。

"三是和你的兴趣相近的朋友。"

我坚守课堂，李烈校长酷爱三尺讲台。

李校长每学期听课均在100节以上，每听一节，她都和老师们深入地交流。她常常有"下水上课"的冲动，每学期都能让我们享受一场课堂教学的盛宴。2005年，我在《中国教育报》发表的《细节成就完美》就是听完李校长"引领课"之后写的感悟。教育部刘兼主任看后，打电话给我："特级教师听特级教师的课，特级教师写特级教师的课，有意思！"

对听课感兴趣、对上课有感觉,除此之外,我俩还有一个共同的爱好就是读书。

听李烈校长谈读书体会,我有时都怀疑:什么?这本书,李校长也读过了?她哪有那么多时间的?《第五项修炼》《世界是平的》等都是李校长推荐给我的。我读了《包容的智慧》,觉得心情非常舒畅,也给李校长买了一本。"养心莫若寡欲,至乐无如读书。"我和李校长兴趣相近不用怀疑了吧?

"四是能把你介绍给志同道合的人的朋友。"

李校长把我调进北京之后,便抓住每一个机会把我介绍给教育部、北京市及西城区的领导和专家。让我参加接待活动,让我主持沙龙,让我执教观摩课。有关单位请她上课、作报告,她借口工作忙,说:"我们的小华课上得好,他代我去吧!"

教育部刘兼、沈白榆等专家来校,李校长把我推上前台,后来刘兼主任把我吸纳进新世纪教材组。一年之后,因编写教材的压力,学校工作的压力,我

2013年6月在北京小学上课之后回答学生问题

有了想退出教材组的想法，李校长坚决地说："不行，编写教材也是工作，那代表的是实验二小。"

随着邀请我讲课的单位日渐增多，我给自己定了一条规矩：周一到周五，绝对不外出讲课。当中央教科所、中国教育学会的领导说可以帮我向李校长请假时，我会说："不用的，那是我自己不准假。"大约是2004年吧，深圳市教育局邀请我周三去讲课，我不去，后来他们找到李校长，李校长接完电话跟我说："小华，去吧，你知道自己控制就好。"

"五是能让你全身心放松的朋友。"

"让自己的天空长蓝，让他人的内心温暖。"这是李烈校长的座右铭。

李烈校长是一个澄明的人，率真、坦诚、热情。在她手下工作，你绝不需要费心思去揣摩她的心意，你尽可以放心、放手地工作。出了问题，李校长会担着责任，然后带着我们向问题学习；有了成绩，她却退居其后，大家共享。

2007年3月5日，元宵节，我发短信问候李校长。12点14分51秒，李校长给我回复了（无论多忙，李烈校长都会回复的）："人有时候应该像水一样前进：如果前面是高山，就绕过去；如果前面是平原，就漫过去；如果前面是张网，就渗过去；如果前面是闸门，就停下来，等待时机。愿你如水般顺应万变，快乐向前！祝元宵节圆圆满满！元宵节后喜事连连！"

我明白李校长发这样的短信给我是有深意的，传达出一种期待。2007年暑假后，我被提拔为副校长。

上善若水，因物赋形，与李烈校长这样的人共处，自然放松，是一种惬意。我想您看完李烈校长的专著《给生命涂上爱的底色》会更认同。

"六是能让你有机会接触新观点、新事物的朋友。"

2002年3月21日，我调进北京。7月，李烈校长就安排我去德国、法国、意大利等欧洲八国考察，那是我第一次走出国门，大开眼界。

2004年，李校长又安排我去香港参加白板教学的国际研讨活动，让我感受到了白板的神奇魅力。

李校长更是让我参加了好多国内的高层教学、教研、科研活动，"从自己的痛开始研究""没有教育的科学就没有科学的教育"，陶西平先生的"跷跷板说",等等,这些新观点都是参加活动时我所接触到的。

尤其是每一届全国教学大赛,不管活动在哪个省举行,李校长都会安排我带领学校六位以上的数学老师参加。

只有不断接触新观点、新事物的人,才能不固步自封,不断精进。

"七是帮助你理清工作和生活思路的朋友。"

李烈校长欣赏我,把我调进了北京。当我融入了北京,渐渐地为同事们所接受,成为全国有影响的特级教师之后,她又多次提醒我,要有大的志向,大的抱负,多次催促我写自己的专著。

其实,李校长不单是这么要求我,对其他老师也是如此。

每过两三年,李烈校长就让全体二小人制定个人发展规划,然后她整理成一览表,对每位老师工作、学习、生活上的目标做到心中有数,以便在日常管理工作中帮助达成。2009年春节后,在李校长办公室,她对我说:"小华,这些老师的专著,你负责催。你的专著,我负责催。"李校长注重教师生命价值和职业价值的内在统一,她的领导就是服务。这一点,我体会特深。

我做事拖拉,有时误事。李校长就用她的行动"潜移默化"我。星期五,李校长会问我,下周有什么活动,准备工作落实得如何了?有时为了安排工作,李校长让我帮她查看日程安排表。因此,现在,每逢周末,我也会学着李校长的样子,把下一周的工作,按照轻重缓急排序、清理、记录。

"八是有了好消息总是在第一时间告诉你,与你分享喜悦的朋友。"

二小喜事多,只要是与我有关的喜事,李烈校长总是争取在第一时间告诉我。

2005年,经过西城教委推荐,我被评为首批"首都基础教育名家",入选"首都基础教育名家"长廊,李烈校长接到会议通知就把我叫到她的办公室,让我看完会议通知,说:"小华,你是这一批中唯一的一位从外地调进北京的特级教师。"

2008年,我校的"'双主体育人'理论和实践的研究"课题研究申报北京市教学成果奖,当李校长得知我们是一等奖之后,马上打电话告诉我,让我分享获得市政府奖的喜悦。

一个人只有内心真正尊重人的生命价值，把他人尊重为合作的伙伴，而不是指使的工具时，才能像李烈校长一样"第一时间分享喜悦"。

"九是当你遇到困难和挫折时能向你伸出援助之手的朋友。"

"谅人之难，帮人之过"是李校长经常说的一句话，每个二小人、每个和李校长打过交道的人都会有深切的体会。

2002年3月，我一家调进北京。夫妇双方是教师，一般不安排在同一所学校。我爱人被安排到北京第二实验小学怡海分校，从家去学校需要花费两个小时左右的时间，工作上也需要住校。两个月之后，李校长知道了我的生活自理能力特别差，于是她开始想办法将我爱人调回我的身边。7月，我爱人从分校调进本校，夫唱妇随。

一次，我和李烈校长到郑州出差，我帮她拎大包，她帮我拎小包——一个看上去小得多的笔记本电脑包。当她感觉到我的笔记本电脑很重之后，关心地说："小华，你这个笔记本太沉了，外出不方便，我办公室有个东芝的，小得多，回去后拿给你。"后来，学校帮我们重换了轻得多的华硕笔记本，但我还是喜欢用李校长给的小巧的旧笔记本。因为那小巧的旧笔记本有一种温度，打开它，我会获得更多的灵感。

李烈校长是画圆高手，每一个二小人都在她画就的"圆"上，每一个二小人都感觉到李校长对自己特别好，特别亲。有了难事，李烈校长会主动帮助解决，不但解决了问题，还能让你增长见识；有了心事，李烈校长会挤出时间帮助开释，让你拨开愁云，豁然开朗。

综上所述，作出一个判断——李烈校长是我人生中不能缺少的"九类朋友"，没有问题吧？一点都不牵强吧？

其实，李烈校长是每个实验二小人人生中不能缺少的"九类朋友"。

李烈校长尊重每一个人，看到每一个人的长处，正像佛家主张的"人人皆有佛性"，她视人如己，让大家和谐共生，帮助每一个二小人做最好的自己。

北京市教委主任曾在大会上感慨地说："有人问我北京最好的小学是哪一所？我说那就是北京第二实验小学，她是小学里的清华、北大！"多年来，新闻媒体组织北京市民投票评选满意的学校，北京第二实验小学连年第一。

李烈校长是全国著名的小学数学特级教师，先后荣获"享受国务院政府特殊津贴专家""北京市有突出贡献专家""全国劳动模范""人民教师奖章""北京市首届十大杰出青年""首届首都楷模""香港柏宁顿孺子牛金球奖杰出奖"等荣誉称号。2005年，李烈校长成为教育部公布的"当代教育家"。2007年，李烈校长被推选为中国教育学会副会长。一位校长能够一直赢得校内校外、上上下下、方方面面的一致欣赏和高度赞誉，真的不容易。

在我心目中，李烈校长是高人。

当我反省自己的很多不成熟，当我想到自己并不欣赏的老师却被李烈校长充分地认可，我悟出一句话：大者能容，有容乃大。

我想起一位学者说的话：要了解我思想的百分之二十，请看我的文章；要了解我思想的百分之四十，请听我的报告；要了解我思想的百分之六十，请和我聊天。

我真是太幸运了。"我的幸运，流畅得有如荷马的诗句。"（培根语）不记得读的是歌德的哪一本书了，不过，我记得那是18岁的时候，师范毕业前夕读的，歌德说了这样一句话——伟大的女性带着我们飞翔！我要说李烈校长就是这样一位了不起的令人崇敬的女性。

父母、爱人、孩子是我们生命中的贵人，开启蒙昧的老师、抬举厚爱的领导、陪伴引领的朋友是我们生命中的贵人。

李烈校长是我人生中不能缺少的"九类朋友"，是我生命中的贵人！

细节中的参事

上周接到通知，上级领导要来我校了解体艺教育、科技教育的实施情况，进京剧、篮球、科学课堂听三节课，我请张主任落实。张主任征求意见之后，告诉我他的安排：第一节课听京剧，上半节听三年级男生的，下半节听四年级女生的；第二节听科学课，科技教室和京剧教室在同一个楼层；第三节听篮球课，在篮球馆。我十分欣赏，真诚地夸奖张主任考虑得全面、细致。因为我校的京剧课在三、四两个年级开设，男、女生分班教学，分别由两位科班出身的京剧老师执教。

本周一早晨，我把制成的课表放到李烈校长的办公桌上。

午饭时分，在餐厅，我遇见了李校长。

"李校长，您看到我放在您办公桌上的课表了吗？"

"我看到了——"

我停下盛菜的手，看着校长，想听她表扬我们部门考虑得周到，哪知道校长说了一句让我摸不着头脑的话。

"小华，你知道我们京剧课是怎么上的吗？"

从校长的语气中，我感觉到有问题了。但又想，我是知道京剧课怎么上的，这样的安排是没有问题的：两位老师都得到展示，两个年级的京剧水平都得以汇报，男生、女生的学习状态可以呈现。于是，我很有底气地说："校长，我知道。"

"你再想想。"校长继续取菜。

我心里没谱了，随意地取了些菜，坐到了校长的旁边。

校长看着我百思不得其解的样子，笑了笑。

"小华，三年级没有上京剧的女生做什么呢？"

我有些明白了。

"你这样安排，将有四位班主任要看着本班留下的一半学生。"

我彻底明白了。我只想着向领导汇报京剧课的各方面情况，忽略了京剧课是两个班同时上，男生组成一个班，女生组成一个班。李校长问我知道不知道京剧课是怎么上的，一点没错，击中要害。

"小华，无论在什么时候，我们不要为领导而加重老师们的负担，平常什么样就是什么样给领导看。"

面对李校长温柔的批评，我心底涌上一股暖流：做李校长学校的老师真幸福，辛苦着却快乐着；做李校长的助手真幸福，惭愧着并成长着。李校长并不是直接告诉我怎么做事，而是教我应该如何自觉地做事。

这是一种领导力，一种影响人心的力量。

解决问题是技能，发现问题是智慧，是境界。我为什么没能发现问题呢？

反思中的我想起苏轼和佛印一起打坐的故事——

苏轼是个大才子，佛印是个高僧，两人经常一起参禅、打坐。佛印老实，老被苏轼欺负。苏轼有时候占了便宜一高兴，回家就喜欢跟他那个才女妹妹苏小妹说。

一天，两人又在一起打坐。

苏轼问："你看看我像什么啊？"

佛印说："我看你像尊佛。"

苏轼听后大笑，对佛印说："你知道我看你坐在那儿像什么吗？就活像一堆牛粪。"

这一次，佛印又吃了哑巴亏。

苏轼回家就在苏小妹面前炫耀这件事。

苏小妹冷笑一下，对哥哥说："就你这个悟性还参禅呢，你知道参禅的人最讲究的是什么？是见心见性，你心中有眼中就有。佛印说看你像尊佛，那说明他心中有尊佛；你说佛印像牛粪，想想你心里有什么吧！"

哦，原来是这样，心中有什么，眼中就有什么。作为主管教学的副校长心中装着的首先是教师和学生。

仁者爱人，当爱成为我们生命的底色，美德就是智慧。仁者是心中有两个人，看来不单是要有自己和他人两个人，而且要有事件中的人和事件背后的人。

维特根斯坦在《逻辑哲学论》中说得很有道理——"世界的意义应该在世界之外寻找"。听话听音，关键是听话外之音，判断一件事的价值应该从事件的背后去寻找。

当我们参透世事的事理、情理、天理之后，就会像李烈参事那样，一切会像呼吸一样的自然。

细节三 环境之美

"不钻进去是搞不好的"

实施"双主体育人",全面推进素质教育,是我校已坚持了20多年的主课题。我们重视校园文化建设,努力创建优美的校园环境,以求达到"环境育人"的实效。

1. 您所看到的……

走进校园,处处整洁有序,令人心情舒畅。迎门的多根红黄色蜡烛组成的雕塑,在水注飘散成的七色彩虹映衬下,不断升腾,它象征着实验二小全体员工团结奋进,共同托起明天的太阳;南楼前,鲜花绿草丛中一座师生头倚头的雕塑,那金色的"爱"字更加夺目;北楼外的宣传栏,鲜明地点出了孩子们奋斗的目标;每层楼内和每个教室的展示窗及瓷砖墙上不断更换着学生们精美的作品;校园内的花草藤蔓,构成了立体的绿化。特别是西侧的生物角中:美丽的孔雀,可爱的小鸟,奇特的火鸡,灵活的松鼠……鸟语花香伴随着那优美动听的课间音乐钟声和"欢乐角"嬉戏的孩子们,更让校园充满了动感和生气,充满着温馨和爱意。

您去过我校厕所之后,会更为赞叹,闻不到

一点儿异味且有淡淡的香气。看到的不再是一排蹲坑而是一扇扇小门，小门上有精致的小标牌，有美丽的图案，有温和的语言："其实我也爱干净，请你帮帮我！""你会喜欢我淡淡的清香，我会爱上你文明的举止！""轻轻按我一下，你好，我好，大家都好！"……厕所里还安装了方便的纸盒。这样的厕所，如高档宾馆内的洗手间，又胜似那样的洗手间，它浸润着人性和童趣，蕴藏着教育性。

在每层的楼道旁，您还会发现锃亮的不锈钢外壳的开水机，红色的数字显示着水温35摄氏度，"温！"这是由100度冷却到35度非常可口的学生饮水机；在学生饮水机旁边是教师饮水机，上面赫然贴着"烫！学生勿动"的提示。

"哎！难得，难得！""整洁优美，精雕细刻！""没有死角。""那声'烫！'包含了多少母爱！""That's great！"（太棒了！）"So wonderful！"（美极了！）"就是不一样！"……国内外前来参观的人赞不绝口。我校多次被评为北京市西城区绿色学校，北京市中小学校园环境示范学校，北京市卫生先进单位……

2. 我们是这样想的……

有人说总务工作"简单"，大不了腿勤点儿就行了。可我们认为：总务工作做好了，学校整体工作就正常有序。不论总务工作的哪个环节出了问题，都会引起相应的紊乱。打铃不准，水门不灵，饭菜不熟，暖气不暖，桌椅残破，门窗失修，仪器短缺……凡此种种，必然给教育教学工作的开展带来不小的影响。校园环境更似一个人的"大褂子"。试想：走进校园，残垣断壁，杂草疯长；踏进厕所，不堪入目，屏住呼吸……如果您是这学校的学生或教师，您是什么感觉，怎样的心情？

人们常把学校的总务工作称为"后勤工作"。邓小平同志曾经说过："现在一定要有一批人搞好后勤工作，这些人要甘当无名英雄，勤勤恳恳，热心为大家服务。后勤工作也是一门学问，也需要学习，也能出人才，不钻进去是搞不好的。"他的话阐明了总务工作的重要意义，指出了出色完成总务工作的根本大法。

3. 我们是这样做的……

（1）树立主动的服务意识。

总务人员既是学校的主人，又是师生的仆人，是为师生服务的。这种服务，不应当是被迫的，而应当是自觉的；不应当是被动的，而应当是主动的；不应当是假意的，而应当是真心的。要力求通过我们实实在在的行动，让师生真切感受到总务人员的服务是热情主动、真心实意的。只有这样，才能站在师生的立场上发现问题，才能接纳师生的建议，从而改造环境、改善工作。

（2）把握学校的治校方略。

校园环境建设要达到育人功能，就必须与学校的主课题、学校的办学思路相契合。我们组织所有后勤人员参加学校的集中学习，并参加一些重大的研讨活动，了解国内外教育改革的动态，熟悉"双主体育人"的内涵要义和操作要素，改变了总务人员"局外人""跑腿的"的形象。全体总务人员增强了出主意、办实事的目的性、针对性和实效性。

（3）深入教学实际，了解师生需求。

学校的中心工作是教学，为教育教学服务，为师生服务，是我们工作的指导思想。为此，我们深入班级，深入年级组，了解实际，掌握情况，主动服务，密切配合。

每周五的调研课，全校的中层以上干部都去听，总务主任也参加。下课铃一响，小朋友被吓了一跳。总务主任看到这一现象后，主动向校长汇报，建议更换下课铃声。在跑了多家商场没买到的情况下，托人从日本捎回一套设备，动听的音乐替换了传统的噪音。

总务工作的对象，既包括物，又包括人，而人是主要的，物是为人服务的。一般的厕所里都没有提供卫生纸，学生有时忘了带，有时来不及取……我们立即想办法解决问题，装了方便的纸盒，配上大卷实用的卫生纸。

我们还设立了总务信箱，了解师生的教学需求。学校每学期都搞问卷调查，我们主动向家长了解有关校园建设以及其他后勤工作方面的意见。只要是合理、可行的，我们立即着手解决。

对校园绿化，我们的原则是：四季常绿，三季有花。只要有空地，只要能开辟，我们就植草、种花、栽树。我们做到了平面绿化、垂直绿化和立体绿化。有学生提出："我们的校园有花香没鸟语，不好！"虽然一般学校都没有小动物园,但我们分析了学生的想法之后,立即动手,安装笼罩,选购小动物。小动物园建成了,孩子们一蹦三尺高。课余饭后,孩子们围观嬉戏,既增长了知识,又培育了爱心。

(4) 不断追求精品。

李烈校长提出:"我们实验二小人人追求精品,处处展现精品!"这同样是对我们总务人员的要求。在西单十字路口,有块"不要着急,红灯亮了歇口气"的交通广告牌,据说这条人性化的广告语是征集来的。它启发了我们。我们在全校师生中开展了征集节水、节电、卫生、文明方面的小标语、小口号的活动。我们挑选出语言优美、图案活泼的口号,装上精致的小框,挂到厕所、水池、开关等处,美观高雅,成了我校一道亮丽的风景线。

学生饮水机上:"滴滴清水,是地球妈妈的眼泪!涓涓溪流,是地球妈妈的乳汁!"电灯开关旁:"电灯也要睡觉!"楼梯口:"美丽的环境,愉悦你、我、他!"……

"教室无纸屑,地面无痰迹,墙壁无尘污,课桌无刀痕,厕所无臭味,花木无攀折"是校园建设的基本要求,我们现在追求的是让校园的每一个角落、每一处景物都能与师生对话,折射出人性的美好!

附 录

学校典型建筑

学校介绍

  北京第二实验小学,始建于1909年9月19日,时名为京师女子师范学堂附属两等小学堂,1955年启用现名,由郭沫若先生亲笔题写校名。截止到2017年9月,学校原来的官园校区不再使用,有新文化街、王府(包括东院和西院)、长安、德胜四个校区。全校占地面积5万多平方米,431名教职员工,4634名学生。目前,学校有市、区学科带头人和骨干教师103人,正高级教师2人,高级教师26人,其中特级教师5人,另有博士、硕士38人。

  1997年,前任校长李烈提出了"双主体育人"的办学思想,强调师生的互育、自育及同步发展,同时提出"以爱育爱""以学论教"的核心理念和"以参与求体验""以创新求发展"的实施路径,并在多年的探索与实践中逐步形成了独具特色的教师文化、学生文化等"九大文化"。2003年,时任国务院总理温家宝在慰问学校师生时,亲笔题写了学校文化之魂——"以爱育爱"四个大字。

学校在"以爱育爱"理念的践行中,全方位实施素质教育,致力于培养具有"大气、博爱、智慧、致行"等鲜明特质的学生。通过课程建设、潜能评估与培养,学校努力为每一位学生创造适合的教育平台,使学生在全面发展、快乐成长的同时,天赋得到适时开发,为其未来人生奠定"一长多能零缺陷"的坚实基础。

学校先进的办学理念、卓有成效的素质教育模式、丰富厚重的实践经验、综合全面的高质量教育,赢得了社会各方面的高度认可,更得到了教育界广泛的赞誉。作为教育部小学校长培训基地校,每年以各种形式代培全国各地校长数千人。在向全国乃至世界各地分享、传播宝贵经验的同时,学校全体干部教师始终以"归零心态"和自己认准的"教育人的定力",潜心钻研、不断进取,美丽而智慧地为孩子们创造着一个又一个新天地。

2012年,西城区政府成立了北京第二实验小学教育集团。2014年,学校在教育综合改革中合并了两所小学,建立了白云路、广外、玉桃园和涭水河四所分校,有效地实现了优质教育资源的增值发展。近年来,随着北京市"名校办分校""城乡一体化"等项目的推进,北京第二实验小学在北京市多个城区建立分校或成员校,并辐射至全国多个地区,有力地推动了各分校所在地的教育发展。

学校作为国际交流示范校,至今已与英、法、美、加、德、南非、冰岛等多个国家和地区的相关教育机构建立友好合作关系,成为展示当代中国小学风采的窗口。

姜树华：静心打造『安定』之美

作者说

万物发展的生命潜流都有其文化的根脉。

有怎样的文化根脉就有怎样的文化气质和文化景象。

教育更是如此。

姜树华，正高级教师，江苏省有突出贡献中青年专家，江苏省人民教育家培养对象，江苏省小学语文特级教师，江苏省基础教育成果特等奖、国家基础教育成果二等奖获得者，江苏省教育学会小学语文专业委员会学术委员，江苏省小学校长与学校发展专业委员会副理事长，江苏省333高层次人才培养对象，原江苏省如皋市安定小学校长，现江苏省南通市紫琅第一小学校长。教育部"国培计划"专家，"江苏省小学语文名师工作室"主持人，"南通市中青年名师工作室"领衔人，多所院校特聘教授，多个区域教师发展特聘专家。曾获全国优课一等奖、特等奖。在全国二十多个省市执教示范课、讲座300多节。发表论文300余篇，出版专著2部、编著8部。

细节一 标识之美——用安定标识氤氲文化气场

台湾著名学者龙应台曾对"文化"作过形象且精辟的表述:"人,本是散落的珠子,随地乱滚,文化就是那根柔弱而又强韧的细丝,将珠子串起来成为社会。"由此可见,文化是精神的凝聚场。诚如鱼之于水,当水没了或者水质变了,鱼儿能迅即感应,文化是这样无时无处不在的依赖。学校文化是在长期的教育实践中逐渐形成的,是弥漫在校园各处的一种氛围,一种精神,一种气象,一种景象。

江苏省如皋市安定小学文化根脉源远流长,有千年之久。其前身为公元1747年创建的雉水书院。她的文化根脉可追溯到千年之前的北宋时期。那个时代,诞生了世称"安定先生"的北宋大儒胡瑗,安定小学由此得名。进而,安定小学也就有了明晰的"安定致远"的办学宗旨,于是时时处处着力于提升"安定气场",聚焦于每一个彰显"安定精神"的项目实施,把每一个活动做成有品质的育人细节。

安定广场——一座拥有千年文化根脉的广场

来到安定小学,首先映入眼帘的是胡瑗(安定先生)文化广场。它位于学校南大门处,主体

胡瑗文化广场

由一块重达150吨的大青石和一座6.6米的高大塑像构成。

安定先生年轻时孤身前往"五岳之首"泰山，时遇孙复、石介，于是三人结伴隐身于深山之中，埋头读书，心无旁骛，十年不归。其间，每每接到家书，见有"平安"二字，便将家书投入山涧之中。在他看来，时间太宝贵了，一切与读书无关的事，只能放到一边，不予理会。这种潜心学业的做法，折射出只争朝夕的学习精神。十年的泰山苦读，胡瑗、孙复、石介三人，成了宋初颇负盛名的大儒，被称为"宋初三先生"。

2012年新建安定小学，我们从泰山采得一块重达150吨的大青石，放置在学校的南大门正中央，泰山石正面刻上校名"如皋市安定小学"字样，孩子们每天从这里经过，想到先生那段泰山苦读的经历，必将受到先生刻苦钻研、奋发进取精神的激励。泰山石的背后，则是由校友撰文、题写的《安定赋》，充分诠释了安定先生"明体达用"教育思想的历史地位和安定小学"传承胡安定"的美好愿景。

《安定赋》

　　江海文明，东皋肇祥；安定杏坛，雉城延昌。阐孔孟经义，千秋大雅；承苏湖教法，百年揄扬。书院①怀旧，北步青云②；花园③履新，东沐紫光④。数易校名而崇正⑤不改，每传薪火而育真⑥更彰。启智开慧，秉明达⑦之训诫；弘德陶性，开致远⑧之气象。励精图治，铭五字⑨于莘莘周庠⑩；因材施教，演六艺⑪于煌煌鲁堂⑫。贤师有断机情怀、蜡炬品望；赤子有立雪性义、栋梁志向。来则嘉木可雕，去则璞玉成璜。效法先哲，知行并进，桃李芬芳；比肩名校，文质兼擅，弦歌浩荡。望苍穹而飞逸兴；乘长风而破沧浪。祈我安定，师道恒康；佑我桑梓，文脉绵长！

注：

① 书院：指安定书院旧址。

② 青云：指安定旧址北边的青云路。

③ 花园：指城东万花园，原为冒氏别业。

④ 紫光：指安定新校东边的紫光路。

⑤ 崇正：安定小学旧名崇正书院。旧时如皋县学悬六字训诫"崇正学、育真才"，此"正学"指胡瑗师道。

⑥ 育真：同前，指"育真才"。

⑦ 明达："明达"为安定新校训。

⑧ 致远：指学校育人目标。

⑨ 五字：指"明""商""博""乐""润"五字教育管理之法。

⑩ 周庠：周朝学校，泛指有积淀有修为的学校。

⑪ 六艺：指礼、阅、讲、书、泳、商六种技能。

⑫ 鲁堂：孔子传授儒学的地方，泛指传授知识的讲堂。

与泰山石相呼应的是矗立于内广场正中央的安定先生塑像。塑像落成于第33个教师节，高6.6米（先生66周岁逝世），巍然伫立，俯首安定师生，先生面庞清朗、温和儒雅、饱读诗书，走到其塑像跟前，无一不敬重其如泰山。在石雕底座四周，呈现出安定先生一生的八个重要人生阶段：皋南毓秀、泰山苦读、海陵讲学、苏湖执教、京师乐议、丹州参军、太学掌管、致仕东归。四周留下了宋神宗、王安石、范仲淹、苏轼、欧阳修、司马光等历史名家对胡安定先生思想、教育、军事、音乐等方面的卓越赞誉。安定先生塑像的立起，是安定精神的凝聚，是安定气场的外现，是安定气质的表达。

站在塑像前屏息凝望，胡瑗的出生、求学、执教等便如一幅宏大的历史长卷在眼前铺陈开去。我们骄傲地发现，当下最时尚的"课程理念"都可以从胡瑗的思想（明体达用、分斋教学、商讨合作……）里找到最好最妙的注脚。于是，安定人开启了"明体达用，安定小学接着讲"的美好征程。

名人对胡安定先生的赞誉

雅乐讲坛——一个能够贯通古今礼仪的讲坛

胡安定先生不仅是一位教育家,还是一位礼乐大师,当年他曾以布衣身份,赴开封接受正急于雅乐改进的宋仁宗召见,并奉命参定声律,制作钟磬。其间,他合乎古礼的文雅举止深得朝中要人的赞赏,事成后即被破例提拔为校书郎官。

安定小学素来重视学生的文明礼仪涵养,培养"安定绅士""安定淑女"的气质,胡安定先生无疑是安定学子的典范,于是"雅乐讲坛"便由此而来。讲坛两边陈列有古代的礼乐器"钟"和"磬"(安定先生曾亲手为宋仁宗铸造钟磬,并著有《宋代音律读本》),地面铺设有九块白色大理石浮雕,分别是笛子、琵琶、埙、二胡、琴、箫、鼓、瑟、笙,与钟磬合起来就是中国古代十大乐器。

"蓬生麻中,不扶而直。"雅乐讲坛使安定先生的礼仪教化形象化再现,让高雅礼仪悄悄地走进孩子们心中,润物无声地给安定师生以熏染、启迪和教化。有史料记载:北宋大儒、理学家、教育家胡瑗先生认为"培养人才必须从一举一动开始"。胡先生的1700多名弟子"皆循循雅饬""衣冠容止,往往相类",

雅乐讲坛

学生即使走在大街、集市上,也能一眼看出是胡先生的弟子!

今天,如何培养"衣冠容止,往往相类"的安定学子?在这个启迪心智、净化心灵的场境中,我们自编自创了"安定小学文明礼仪操",让学生在朗朗上口的儿歌、活泼欢快的韵律中知礼仪、行礼仪,让礼仪内化于心,外显于行。我们开展了争当"安定小绅士""安定小淑女"的活动,在比一比、赛一赛中,强化了礼仪的养成,形成了礼仪的规范。我们举行传统美德与身边好人好事演讲比赛,发现美、学习美、争当美。我们还定期邀请家长或有识之士来雅乐讲坛为孩子们讲解传统文化与民俗礼仪,将潜在的教育教学资源和本土文化进行有效开发和利用,形成家校教育合力,为学生搭建成长的平台和空间,培养全面发展的人。

环抱"雅乐讲坛"的是四道"文化长廊"。最南侧是"八礼四仪文化长廊",两排柱子,外侧是"八礼",包括仪表之礼、餐饮之礼、言谈之礼、待人之礼、行走之礼、观赏之礼、游览之礼、仪式之礼。通过生动的图画,从生活细节入手,让儿童易懂、易学、易做。内侧柱子上则是我校开展的"四仪"活动,即入学仪式、入队仪式、成长仪式、毕业仪式,以及"道德讲堂""安定礼仪""多彩活动""成长印记"的活动照片。东侧是"上下五千年文化长廊",五年级的师生共读《上下五千年》,然后将每个朝代中相关的人物、事件、故事等制作成读书卡,张贴在相应的柱子上,定时更新,这个长廊无疑成了流动的书屋,成了全校师生共享的阅读资源,他们每天从这儿经过,驻足、流连、阅读,以史为鉴,摄取动力。北侧是"雅乐文化长廊",孩子们将每月参加"雅乐讲坛"活动的所听、所感、所悟流淌于笔端,张贴于文化柱,孩子们在阅读分享中,听他人心声,思自我行动,形成心灵的共鸣,获取前行的动力。西侧是"书画文化长廊",这里有大师们的书画作品,孩子们沉浸其中,虽书画不语,却无声地激发着儿童的审美想象,提升儿童的审美情趣。

"巴学园"——一个观照儿童自由驰骋的乐园

红色、黄色、蓝色,三栋大楼是我们的教学楼,孩子们喜欢称之为"巴学园"。红色的中国结象征着中华元素,母语文化;黄色的魔方代表了智慧、创新;

"巴学园"

深邃的蓝色则预示着梦想的蓝天，成功的彼岸。孩子们在母语文化中，汲取营养，获得智慧，在不断创新中，开拓进取，翱翔梦想的天空。三栋教学楼的红、黄、蓝三原色能调出最美的色彩，象征着孩子们也能拥抱美好的明天。从高空俯瞰，三栋教学楼东、西两边分别由城堡和文化长廊串联成一个整体，配合上弧形的行政科技楼，就成了一把抽象的巨型钥匙，寓意着孩子们在这里能获得打开知识殿堂大门的钥匙。

教室

有人说，一所学校的品质，在很大程度上是由一间间教室的品质决定的。而一间教室能给孩子带来什么，取决于教室桌椅之外的空白处流动着什么。孩子们喜欢称我们的教室为"巴学园"，因为我们的教室有着丰富的表情，她既是图书馆又是阅览室，既是实践场又是创想室，既是生物角又是探究室，既是操作间又是展示园，既是习惯养成地更是人格成长室……

"巴学园"内，孩子们在书中与古今中外人物对话；满怀爱意地与小动物、小植物亲密接触，与自然和谐相处。"佳作欣赏""荡舟水墨""星语心愿""涂鸦天地""书画剪影"……为孩子们提供了一个个展示自我才艺的舞台，一幅幅色彩斑斓的图画，一篇篇文采飞扬的习作，一个个童趣盎然的心愿，一双双巧夺天工的小手，共同弹奏着激情澎湃的才艺之曲。透过童心视角，构筑童趣世界。孩子们在这里是小主人，是创想者，是思想家，他们用自己的慧智巧手描绘幸福生活、捕捉难忘瞬间、巧创精美手工、诗写创意童心……于是"巴学园"里到处都弥漫着阳光的味道，儿童的气息。

"安定书院"——一座可以抵达诗与远方的书院

安定书院是全校师生最喜欢的地方。

书院内设文学馆、科普馆、绘本馆、国学馆、藏书馆、爱心书屋、师生作品展区、诚信书屋等8个场馆，每个馆都设计独特，书香四溢。

文学馆里充满着文学的气息。

流连科普馆让人感受到科学技术的神奇魅力，人类科技的强大力量，更激发了孩子们去寻找知识的钥匙，去开启未来科技的大门。

走进绘本馆，你仿佛来到了童话世界。一本本彩色的绘本整齐地排放在书柜里，一组组花朵形的座椅错落摆放着，角落里那棵美丽的大树，碧绿的枝叶垂落在树下的摇椅上，褐色的藤萝和绿叶缠绕在一起，更增添了几分梦幻色彩。坐在摇椅上，捧上一本充满童趣的绘本，你便成了书中的主人公，走进奇幻而美妙的仙境……

来到国学馆，坐在蒲垫上，阅读安定人根据胡安定的史料编写的《安定先生》口袋书、"安定先生系列"绘本，耳畔萦绕着古琴曲，你仿佛与千年前的教育家胡瑗进行着穿越时空的对话，"安定先生"求学治学的故事与熠熠闪光的精神亦随着口袋书和绘本通往读者的心灵深处。

"诚信书屋"里，孩子们在这里自由选书，自己计算价格，自己结账找零，然后盖上诚信书屋的印章并登记购买信息，这些工作都由学生独立完成。诚信书屋不仅培养了孩子诚信的品质，更增强了各方面的能力，学生非常享受每一次诚信购书的过程。诚信书屋外，我们还设置了"诚信雨伞"，雨天，校门口、每栋教学楼的楼梯口都会摆放伞架，上面整齐地摆放着"诚信雨伞"，师生和家长都可以随意使用，第二天及时归还即可。

"爱心书屋"里的每本书，都是六年级的学哥学姐们在每年的4月读书节时，精心挑选送给学弟学妹们的。每本书籍的封底都写着给母校的赠言和该书的阅读推介。取名爱心书屋，不仅因为这里摆放的是爱心书籍，更因为安定人期望将这份爱心、感恩的品质传承下去。

一本本书籍，带领着安定师生走向诗与远方，通往梦想与美好。安定书院是安定师生的精神伊甸园。

安定书院

诚信雨伞

孩子们在读书

"香樟大道"——一条通往儿童美好未来的大道

香樟拒腐拒虫，历久弥香，树高可达 50 米，树龄长达数百上千年。我们把樟树作为校树，就是要学习樟树向上、合作、担当、高贵的品质，做安定致远、凝神笃定的人。2016 年，我们在校门右侧的大道两边种植上香樟，建成了一条香樟大道。一年级的小朋友入学时会在这里认领一棵年级树，六年里与校树同成长，到六年级毕业时再来跟大树合影，给毕业石题字，这棵树就成为他的毕业树。植树节时，毕业生们会在这边栽下桃树和李树，祝愿母校"桃李满天下"，同时也包含有"植根安定"的寓意。这里有他们最纯的记忆，最深的感情，安定学子无论走到哪里，他们心中都一定会记得这棵蓬蓬勃勃的香樟树。香樟树适应力强，在任何地方都能扎根、发芽，四季常青，可存活千百年。我们寄寓安定学子——

像樟树一样乐于合作。樟树，树枝树干一分为二，二分为四，一路长去，从不偷工减料，从不画蛇添足。参天相映，抱团成林。安定学子应如樟树一样学会合作，享受合作，做一个情系他者、胸怀祖国、爱满天下的仁善之人。

像樟树一样勇于担当。樟树，树姿雄伟，能遮阴避凉，美化环境；能固土防沙，涵养水源；能吸烟滞尘，是生态环境的生力军。安定学子应如香樟树一样勇于担当，做一个甘于为他人遮风挡雨，为社会奉献所能，有责任心的新时代公民。

像樟树一样成就良才。樟树，木质有天然美丽的纹理，质密又坚硬，坚韧且柔韧，不易折断，不易裂纹，耐腐、防虫、有香气，为优质名贵木材；樟树，会拒绝，会应对，更能化解污秽，净化周遭。安定学子当然要做像樟树一样的人间良材，做一个正直，并能净化社会周遭环境的身心两健之人。

像樟树一样高贵脱俗。樟树，高大俊伟，花形碎小却芳香四溢，拥有香樟之专名。花香除了可净化空气，更可防蛀解毒。低调中有华贵，朴实中有雅致。安定学子渴望做像樟树一样高贵脱俗、健康乐观的有志者。

"安安定定"——一对凝聚各方寄寓的吉祥物

有吉祥物的学校很多，安定小学也有自己的吉祥物——安安和定定。但安定小学吉祥物的形成过程比较有"特色"——历经了大半年的时间才得以产生。2016年寒假前，学校德育处推出了"安定小学吉祥物"征集通告，阐释了安定小学的办学宗旨与育人特色，面向广大师生、社会有识之士征集吉祥物。寒假过后，德育处收到了4000多份设计，由各年级进行初评，每个年级上报10幅设计稿。学校将60幅设计稿统一用展板呈现，全校4000人每人一颗红五星贴在最喜欢的设计稿上，一周以后展板上反响显著。从60幅中选取获星前十名的设计稿，制作成微信，一周之内，有效投票数超过两万。发动学校教师代表进行议定，最终确认了学校吉祥物。小小的吉祥物犯得着花上大半年时间如此折腾吗？活动设计者虽感过程艰辛，但意义达成是满足的。这大半年来，安定小学的4000名师生、2万多名家长、10多万人口的施教区，反响甚大，安定小学办学思想切实生长，办学口碑迅速提升。

人是通过符号认识世界的。设计一个安定LOGO用于各种活动，让师生从中汲取安定精神，熏染安定气质无疑是有意义的。于是，一个跳动音符组成了大写的"A"，两个小脚似运动着的小写的"d"，周围是圆形的跑道，亦作为五线谱状，中间打开的"书本"似幼苗状，构成了安定LOGO的主题：读书、运动、艺术，培养健康上进、阅读博识、艺术审美的安定新苗。安定LOGO是安定

安安　　　　　　定定　　　　　　安定LOGO

小学的精神图腾，更成了安定小学的办学意象。

此外，校歌《安定学堂》、红领巾广场、涂鸦广场等物型课程的建设，无不聚焦于独特的安定文化，形成了强大的安定气场，绘就出安定致远的教育愿景。

细节二 创新之美——与时俱进『接着讲』

安定小学文化根脉源远流长，当历史的车轮迈入21世纪的第二个十年，我们骄傲地发现：当下最时尚的"课改理念"都可以从安定先生的教育思想里找到最好最妙的注脚。安定致远则是千年教育思想生长起来的办学笃定。

安定先生的教育思想：明体达用。本指"明白儒家传统道德，实现培养治世之才"。安定小学"接着讲"的是"明立德树人之体，培养具有21世纪核心素养的学子"，安定人将明达教育的培养愿景具体描绘为"礼、阅、讲、书、泳、商"组合的安定"六艺"，以此抵达美丽教育理想的彼岸。

安定先生的教学育人观：娱乐助教，游历教学，让学生在娱乐与游历之中快乐学习。安定小学"接着讲"的是：让儿童在校园活动中快乐成长。没有活动，何称校园生活？为此，我们设立了"安定六节"，即3月体育节、4月读书节、5月艺术节、10月演讲节、11月科技节、12月英语节。

安定先生的学习方式观：大胆质疑，自立新解，方得真知。安定小学"接着讲"的是："商讨素养"在课堂，在校园，在家庭，在社会。制定并践行低、中、高三个学段最美商讨课堂样态标准。

安定先生的环境课程观：润泽斯民，沉潜默化。安定小学"接着讲"的是：校园每一处都属于学生，物型课程遍地铺展。学校以嬉乐丛林、安定文化广场、雅乐讲坛等为地表文化课程；以安定先生塑像、安定吉祥物、诚信书屋、诚信雨伞、爱心书屋、盆景园、安定苗、文化石、涂鸦广场、香樟大道等为格物文化课程；以校园建筑群、安定书院、安定秀场、明达教育研究中心、生命体验馆、廊道文化等为空间文化课程；以学科阅读校本教材、《安定先生》口袋书、系列图画书等为学科文化课程。

安定先生的教育理想：致天下之治者在人才，成天下之才者在教化，职教化者在师儒，而教化之所本者在学校。安定小学"接着讲"的是：作为安定的学生，人人都怀"礼、阅、讲、书、泳、商"组合的安定"六艺"；作为安定的老师，人人都是胡安定式的"学高为师，身正为范"的优秀教师；作为安定的学校，是师生心驰神往的学习乐园，诗意栖居的精神家园。

安定人就这样以"传承胡安定"为办学指引，瞄准"安定致远"的育人目标，强化"明达"校训，活用安定先生教育思想之精髓，对接课改理念，在胡瑗思想与现代理念的强大支撑下，"明达教育"开启了新时期的教育征程。

"明达教育"——一项面向未来培育全人的课程

"明达教育"中的"明""达"二字源于安定先生最重要的教育主张：明体达用。"明体达用"语出胡安定先生"以明体达用之学授诸生，夙夜勤瘁，二十余年"。"明"即明白，明智，明亮；"体"原义为儒家传统道德；"达"即洞达、抵达、实现；"用"原义为治事。诚然，安定先生的"明体达用"即明白儒家之道，培养治世之才。而如今的安定人则理解为"明立德树人之体，培养具有21世纪核心素养的学子"，安定人将明达教育的培养愿景具体描绘为"礼、阅、讲、书、泳、商"组合的安定"六艺"，以此抵达美丽教育理想的彼岸。

1."明达教育"的理论架构

"明达教育"是以胡安定先生"明体达用"思想为源头，以立德树人为指向，以"博""乐""润"为主要板块，通过"商"的教学路径，实现"明"的教育，培养具有新时期核心素养的人。

"明达教育"重点打造六大项目组:"安定主人"项目组、"蚂蚁剧社"项目组、"彩虹桥"项目组、"金海豚"项目组、"树文化"项目组、"商讨素养"项目组。"明达教育"不是机械地传承,而是更好地面向未来;不是简单做加法,也不是简单做减法,而是一种改变;不仅给了学生选择机会,更给了学生普适的筑基,让师生素养、办学品质实现看得见的生长。

下图是"明达教育"理论架构:

具体阐释如下:

"明达教育"的核心理念是:立德明理,价值引领,生活体验,社会实践。

"明",源自胡安定先生的"明体达用"教育思想,乃明白做人道理,并学以致用、活学活用之意。

"商",源自胡安定先生"大胆质疑,自立新解"的教学思想。既要有协商、共商的素养,又要有"大胆质疑"的审辩性思维方式。学校根据各年段特点制定了安定小学最美商讨素养,"商讨"已成为安定师生无处不在的学习生活方式。

"博",源自胡安定先生"穷经以博古,治事以通今"的教育主张。学校推出了"五百行动",即读百部名著、观百部影片、品百幅名画、赏百首名曲、访百个景点,让学生在丰富的经历中推进安定"博课程"。

"乐",源自胡安定先生的"娱乐助教""游历教学"之本义。将安定小学的"安定主人"项目、"金海豚"项目、"彩虹桥"项目、"今天我开讲"、"3+X"社团活动、安定达人秀、安定实践作业等纳为"乐课程"。

"润",源自胡安定"润泽斯民"的教育主张。安定先生素来反对闭门读书,主张融入社会。学校主要通过巴学园、"树文化"项目、建筑文化、长寿文化课程等提升学生的人文底蕴和审美情趣。

课程是教育的跑道,服从、服务并实现教育。我们始终坚持,要站在教育的高度看待、处理课程问题,始终把学生放在学校课程的中心位置。"明达教育"是以学生发展核心素养为指针,培养学生具备能够适应终身发展和社会发展需要的必备品格和关键能力,综合表现为:责任担当、实践创新;人文底蕴、科学精神;学会学习、健康生活。

2."明达教育"的达成路径

我们的"明达教育"博、乐、商、润四大课程到底在做什么?又是如何做的呢?

博课程即"五百工程":读百本名著,观百部影片,品百幅名画,赏百首名曲,访百个景点。具体见下图:

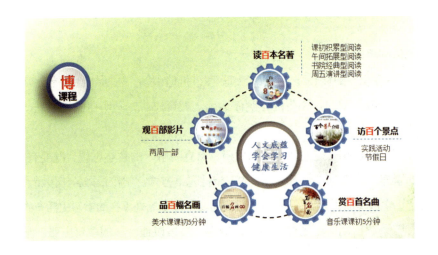

乐课程即"安定六节"（演讲节、科技节、英语节、艺术节、读书节、体育节）、"金海豚"课程、"五百"实践作业、"彩虹桥"、"安定主人"、"3+X"社团。具体见下图：

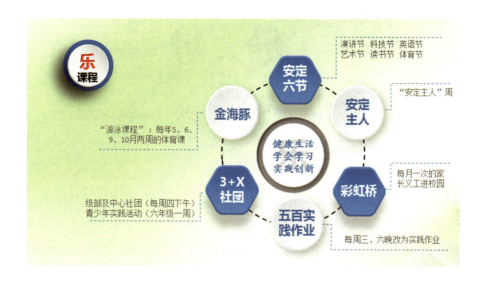

简要地说，商课程就是在课堂、校园、家庭、社会的商讨素养修炼课程。具体见下图：

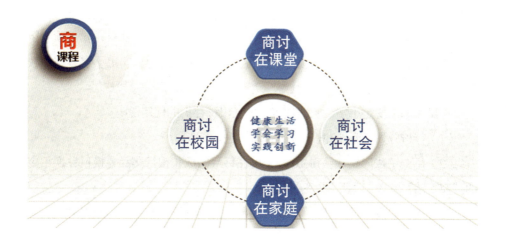

润课程，即长绿课程、长寿课程、长廊课程。主要是以物型课程的方式得以实现，具体见下图：

3."明达教育"的评价方式

有了评价的教育才是完整的教育。2015年9月，我们制定了"明达教育"评价标准——《安定小学"明达教育"百分百评价手册》，分为赤、橙、黄、绿、青、蓝、紫"七色光"，六年各一册加小学阶段总手册。六年六张手册不仅在于外在颜色的变化，更在于评价内容的变化：六个年级均从"商""博""乐""润"四个维度出发，关注到评价的角度、涉及的广度、年级的梯度。

我们在实践中不断反思，也在反思中不断完善。2016年9月，我们项目组的核心成员又研发了更科学、更实用、更简便、更高效的《安定小学"明达教育"成长银行评价手册》。

这是如皋市安定小学"明达教育"成长银行存折的使用说明：

（1）存折分为"商""博""乐""润"四个子账户；

（2）每个子账户累计获得10分，可在每月的成长银行奖品兑换日兑换相应的"商""博""乐""润"书签一枚；

（3）集齐"商""博""乐""润"四种颜色的书签1套，即可获得北京大学或清华大华等名校金属书签一枚；

（4）集齐"商""博""乐""润"书签3套，可获特制安定小博士帽一顶；

（5）书签集满20枚，可获世界十大名校明信片一本；

（6）书签不可重复使用；

（7）每个月最后一周的周四，为成长银行奖品兑换日；

（8）积分每学年末清零。

"明达教育"成长银行以"五个一百"为主抓手，主要评价涉及学科大阅读、电影阅读、特色阅读、微讲座阅读、音乐阅读、图书馆阅读等九个方面，每个年级的阅读都遵循了儿童的心理特点和认知规律，真正做到了"在什么年龄阶段读最适合这个年龄阶段的书"。解放了老师，激活了小组机制，调动了全体学生的热情，全面客观地对"明达教育"的实施进行了评价。

"明达教育"前瞻性的教改实验项目实施两年多来，无论是学生的核心素养、老师的专业成长还是学校的办学状况都实现了"看得见"的发展。从2015年9月开始，"明达课程"在江苏省前瞻性教学改革实验项目南通地区的选拔中脱颖而出。2015年10月，在省教育厅的答辩遴选中成功荣登42家之列，成为江苏省首批前瞻性教学改革项目。这次入围，对于安定人来说，是一次充分的肯定，是一次温暖的鼓励，更是悠扬的启航笛声。历经多批省内外教育专家的多轮论证，安定人不断反思前行。诸多困惑在历经一次又一次的头脑风暴之后，我们已想清楚一件事：课程是教育的路径，必须服从、服务于教育。学校办学的方向应从课程走向教育。因此，我们尝试了"明达课程的开发与实施"向"明达教育的创造性建构与实施"的转变，实现了"明达课程"向"明达教育"的华丽转身。2017年9月，该项目被江苏省教育厅认定为江苏省首批教学实验优秀成果宣传项目。《中国教师报》《江苏教育研究》和江苏卫视等多家媒体均给予专题介绍，并产生了强烈的社会反响。

如今，"明达教育"已成为安定人的办学根脉，贯穿整个学校工作的全过程，无处不有，无时不在，直接决定着安定学子的素质发展，甚至未来的生存状态，这是一项惠及学子一生的千秋大业。安定人无比自信，"明达教育"是千年教育思想上生长起来的办学笃定；安定人无比憧憬，"明达"的安定根脉必将成就一片又一片茂密的丛林。

细节三 行动之美——安定小学的『五好生』行动

文化办学是现代校长的使命。现代校长应该用文化的视野、文化的高度，着眼于学生核心素养的发展而办学。然而，文化靠浸染，素养靠养成。如何通过外在行为的规范而形成具有安定小学特质的素养，塑就安定气质，是我们长久谋划且共同发力的教育共向。为此，我们开启了普惠于安定学子终生的"五好生"行动。

一生礼仪：争做安定小绅士、小淑女

胡安定先生认为"培养人才必须从一举一动开始"，胡先生对其弟子的要求是既严格又注意言传身教，学生即使走在大街、集市上，也能一眼看出是胡先生的弟子，成为皇都盛景。当下的安定小学用四个显著的常态生活礼仪标志，促成学生形成具有安定特质的礼仪，即见面时的"点头礼"、长幼之间的"鞠躬礼"、打招呼时的"招手礼"、再见时的"挥手礼"。从礼仪培训，到礼仪操的规范，再到学习群体的正影响，整个学校成为洋溢着浓郁礼仪的学习场。悄然间，安定礼仪在四千师生的体内流淌，并由内而外自然地投射，成就了具有安定特质的礼仪气场。

一生阅读：带走滋养人生的行囊

安定先生当年提出"穷经以博古，治事以通今"，强调人生能博古通今、中西贯通、学识渊博。当下的安定小学持续推进涵盖各个学科的"大阅读"，分为课初5分钟的积累型阅读，每日午间的拓展型阅读，每周一次的书院经典型阅读，每周五演讲展示型阅读；实现"五百"阅读行动，即读百本名著，观百部电影，品百幅名画，赏百首名曲，访百个景点。"五个一百"的实现是安定小学"普适筑基"教育思想的兑现，更是对孩子博古通今、广博见识，带足"一生背囊"的负责。小学六年养就六十年的阅读习惯，更是为了孩子们在未来的学习型社会中不会陌生、不会孤独、不会掉队。

一生素养：让商讨成为生活方式

宋代学者李焉在《国子先生胡翼之》一书中记载："胡翼之各其所好，类聚而别居之，皆所以类群居，相与讲习。""人皆乐从而有成。"胡安定《周易口义》："胡亦时召之，使论其所学""切磋互商，大胆疑经，自立新解""皆传经义，必以理胜"。当下，安定小学为了接着讲好"商讨教学"，制定了低中高三个年度"商讨课堂"最美样态标准，从"如何听""如何说""如何批注"三个维度，将"商讨教学"评价真正落到实处，提升商讨课堂的质态。

一、二年级如此听，"静心地听""耐心地听"就是要学生心静下来听别人说，让别人说完，课堂上不能乱、不能影响其他小组的倾听。三、四年级在低年级的基础上加了"细心地听""用心地听"，细心地听要求学生关注细节、抓住别人发言的要点，用心地说要求学生边听边思考。五、六年级加了"欣赏地听"，就是要以虚心的态度、欣赏的眼光听取别人的发言。

一、二年级如此说，"大方地说""清楚地说"就是要求学生表达时要吐字清楚，声音响亮，做到全班的每个学生都能听到。三、四年级"完整地说"要求学生尽可能说全面，从多个角度说；"有序地说"就是有条理、按次序地说。五、六年级"有个性地说"也可以说有创意地说，要有自己独特的见解。

商讨素养的培养，不仅着力于培养学生共商、协商的学习能力，更注重培养学生商讨、商榷的批判性思维品质的培养；既是对学生身心发展规律的精准把握，更是对未来社会人才培养要求的负责呼应。

商讨课堂收获的不仅仅是知识，更在于形成商讨的习惯、质疑的品质、创新的精神，生长通往未来社会的商讨素养。此类课堂不仅培养学生协商、共商的学习能力，更注重学生的批判性思维品质的培养。批判性思维是有意识地系统地处理信息，这样就可以作出更好的决策，并且更好地理解事物。批判性思维需要将多样化的知识工具应用到不同的信息中。你也可以这样来说：批判性思考是与常规的、每日的思考相反的思维模式。没有批判性思维的学习就像是蒙着眼睛走路，你会到达某个地方，但那一定不是你

一至六年级商讨要求

最想去的地方。我们憧憬着：六年后，孩子们走出安定小学的时候，同时也可以带走"商讨素养"，能带着批判性思维进行商讨的习惯。

一生才艺：提供展现个体成功的舞台

"Show"是一个英语单词，意为表演、展示，我们"安定秀场"的口号就是"我秀，我快乐；我秀，我成长！"这是一个人人可以积极参与、展示才华的舞台，孩子们在这里放飞梦想，收获成功，赢得自信。

"安定秀场"在安定校园随处可见,心有多大舞台就有多大,什么时候想展示随时提供舞台。"今天,你秀了吗?"已然成为安定人自信的问候方式。

瞧,课堂上,不需要举手,直接站起来阐述观点:"我来说……我认为……我觉得……我补充……",这是一种"秀";周一升国旗时,国旗班的孩子或齐唱、齐诵,或小组表演,或独奏独舞,这也是一种"秀";周五第二节课后的半小时"展示型阅读"时间,孩子们或演讲或辩论,人人登台,这是一种"秀";五、六年级的孩子,每学期逐班轮流实行"安定主人专项训练周"模式,在这一周中,孩子们全员、全程参与学校课堂、课间、卫生、散学等方面的管理评价。在课程设置上,打破原有模式,组织专项训练,更注重实践能力的培养、综合素质的提升。通过四周的"安定主人专项训练",孩子们成长为"校园建设的小主人""家庭生活的小主人""社会文明传承的小主人",这更是一种全方位的"秀"。我们的"安定六节"则是让每个孩子在亲历、参与中,秀出了"礼、阅、讲、书、泳、商"的安定"六艺"。

学校当然也拥有给孩子们专业展示的秀场舞台,阶梯教室便是其中一处,能容纳300人,造型是一艘扬帆启航的船,正向东南方向破浪前行。南侧有一根高36米的彩色桅杆,参观的人说它是马良的神笔,描绘着安定美好壮阔的蓝图;孩子们说它是孙悟空的金箍棒,能给人带来无往不胜的神奇力量;家长们说它是一根祥云柱,搭起孩

阶梯教室外观

子们放飞梦想的云梯。孩子们经常在这里开展丰富多彩的活动，如小主持人大赛，独唱、独奏、独舞比赛，诗歌朗诵等。

同欣剧院也是一处秀场，这座圆形的建筑可容纳600多人，鸟瞰如一轮冉冉升起的红日，称其"同欣剧院"，取意"孩子像早晨八九点钟的太阳，充满朝气、充满活力、欣欣向荣"。这里是"蚂蚁剧社"的主要活动场地，孩子们动眼，两周一次观影；动手，创作电影海报；动口，演唱电影歌曲；动情，电影

短剧配音；动脑，微电影大排演等系列活动。这些活动丰富了孩子们的校园生活，锻炼了孩子们的口头表达、绘画、音乐等方面的能力，生长着编剧、表演等方面的素养。我们的"蚂蚁剧社"有自己的电影课程，每学期的观影目录都不同，有世界名著系列、红色经典系列、奥斯卡获奖系列、童书同名电影系列等等。每个孩子每两周在这里观看一部电影，每学年观看电影16～18部，六年下来就能观看百部经典影片了。观百部影片与读百本名著、访百个景点、品百幅名画、赏百首名曲，加上"人人会游泳"，就构成了安定特色的"501"工程。当然这里更是安定学子展示才情的舞台，演讲节、英语节、成长仪式、毕业仪式，安定学子人人登台，个个表演，这里有孩子们童年最幸福、最美好的回忆。

  我们还有一个专门的"安定秀场"展厅，提供给所有孩子展出自己的书法、绘画、手抄报、十字绣等作品。每个月有一个主题，孩子们的作品经过评选，将有机会在这里展出。每个参与展出的孩子，我们都会颁发"秀场收藏证书"，并邀请家长一同参与颁奖仪式，让孩子在仪式感中感受成功的喜悦。同时，我们还组织全校同学参观秀场作品，让获奖同学当讲解员，解说自己的作品。让活动更立体、更深入，进一步推动孩子素质的全面提升。

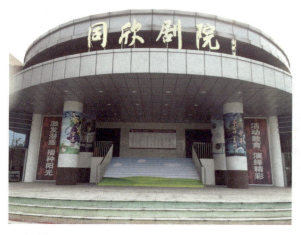

同欣剧院

观影目录表（部分）

一生劳技：拥有乡土情怀的劳动品德

如皋有三张名片：一是花木盆景之乡，二是长寿养生福地，三是历史文化名城。如皋的"如派盆景"全国闻名，"云头雨足美人腰，左顾右盼两弯半"。但大家有所不知的是，这如派盆景就起源于安定小学创始人胡安定先生。于是我们在校园一角建成了"盆景园"，园内收集、摆放了如派盆景三大传人的盆景作品30多件。四年级的孩子每学期有两节课在园内了解盆景知识，学习盆景制作，当他们亲手制作的盆景在盆景园内茁壮成长的时候，伴随他们一同成长的还有家乡的长绿文化，极大地激发了他们对家乡如皋的热爱，实现了对乡土文化的传承。

紧邻"盆景园"的便是我们的"安定苗"劳动实践基地，五年级师生在这里精心栽种各类蔬菜，我们还依托实践基地开展丰富多彩的教学实践活动，如：语文学科的"观察日记"，数学学科的"测量、统计、计算"，美术学科的"素描"，以及"美丽的瞬间"摄影等，实践基地既让孩子们增长了知识、提升了能力，又培养了孩子们的劳动观念，是孩子们融入自然、健康成长的乐园。每到收获的时节，"安定苗"劳动实践基地更是热闹非凡，五年级的孩子们将劳动成

孩子们在盆景园

果——萝卜、青菜、花生等等，一份一份整理好，进行义卖，全校孩子都会赶来购买这儿的绿色食品。低年级的孩子一边奉献着自己的爱心，一边盼望着自己快点儿进入五年级，到那时就可以在这里种植下属于自己的成果。高年级孩子则再次来到这里奉献爱心，分享弟弟妹妹们的劳动喜悦，重温在劳动基地挥洒汗水、收获幸福的美好。义卖所得善款，一部分捐赠给学校的学困生，一部分则赠给山区的孩子们。

"人是人的环境。"校园文化的育人功能，仅仅通过耳濡目染、潜移默化的环境文化是不够的，还应有强大的成长规约与人力影响场，说到底更要有笃定的育人信仰与育人定力做根基。教育是一种文化行为，文化力是办学的核心竞争力。安定致远，注定不只是安定小学的育人目标，也许还可以作为不同学校办学前行的美好姿态。

附 录

学校典型建筑

学校介绍

　　江苏省如皋市安定小学,前身为创建于公元1747年的雉水书院,有"千年书院,百年安定"之称。北宋教育家胡瑗(世称安定先生,如皋人)"明体达用""分斋教学""商讨教学""游历考察"等教育教学思想精髓,走过"雉水书院""安定书院""安定学堂""安定小学"等一个个具有时代意义的里程碑。

　　学校占地120亩,4000多名师生,拥有江苏省人民教育家培养对象1名,江苏省特级教师2名,南通、如皋两级教育人才56名,2017年获江苏省教学成果特等奖一项。学校汇集了众多精彩华章,形成了优良办学传统,积淀了厚重人文底蕴,曾荣获"全国十佳现代学校""江苏省实验小学""江苏省和谐校园""江苏省艺术教育特色学校""江苏省书法（写字）教育特色学校""江苏省语言文字规范化学校""江苏省STEM教育项目试点学校""南通市文明单位"等诸多殊荣。

安定小学特色鲜明。在传承胡安定办学理念的引领下，以"明达"为校训，以"安定致远"为育人目标，充分汲取安定先生教育思想中的"明""商""博""乐""润"五字精髓，创造性地建构与实施"明达教育"。"明达教育"品牌成为江苏省首批基础教育前瞻性教育改革实验推广项目。学校承担省、市"十三五"教育科学规划立项课题8项。

朱爱朝：以全人教育构建儿童成长根基

作者说

育才学校全人教育的实践和探索，
以二十四节气为经，
以自然笔记为纬。
全人教育，
让个人创造力得以舒张，
想象力得以奔放，
个人能量得以释放。
全人教育，
构建着儿童成长的中国根基与大地根基。

朱爱朝,长沙市芙蓉区育才学校校长,长沙市两届小学语文首席名师,长沙市中小学农村名师工作站站长,长沙市人民政府督学。全国优秀教师,《中国教育报》2012年度"推动读书十大人物"提名奖,中国首届"全人教育奖"提名奖,长沙市第四届"感动星城·十大魅力教师"。专著《朱爱朝母语课堂》入选《中国教育报》2015年度教师喜爱的 100 本书·Top10,由朱爱朝著并绘图的《我的自然笔记》《时节之美——朱爱朝给孩子讲二十四节气》,获中国教育新闻网 2015 年度、2017 年度十佳好书,2019 年出版《朱爱朝二十四节气自然笔记》。全国第六届青年教师阅读教学竞赛活动一等奖获得者。长沙市朱爱朝语文工作室获长沙市首届"大洋奖"优秀名师工作室团队奖。

细节一 传统节日之美——以二十四节气为经

节气是根据太阳在黄道（地球围绕太阳的轨道）上运行的轨迹来确定的。我们终年在大地上耕种的祖先，在两千多年前，将太阳在大地上留下的痕迹，用二十四节气记录下来。

二十四节气是我们的祖先在安稳的大地上、在循环往复的季节当中，发现的大自然的密码。二十四节气，是大自然的节奏，也是我们的族群生活的节奏。

每一个节气，分为三候，五天为一候，一年二十四个节气，就有七十二候。"候"，更细致地表现出植物、动物和天气的变化。植物候有植物的幼芽萌动、开花、结果等，动物候有动物的始振、始鸣、交配、迁徙等；非生物候有始冻、解

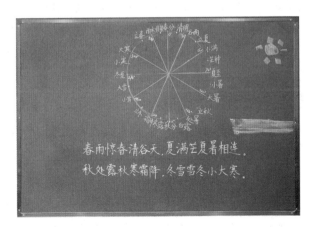

二十四节气

冻、雷始发声、始电等。七十二候的起源很早，记录的是黄河流域物候的变化。由于地域的差异，再加上时日变迁带来的环境改变，"七十二候"已只能作为气候的参考。

与土地完全疏离的孩子，如何与节气关联？

从环境的布置开始。在长沙市芙蓉区育才学校，每一间教室，每一面墙壁，校门口的电子显示屏，甚至是拾级而上的楼梯，都在给孩子们讲述着二十四节气和七十二候。

从"芙蓉区育才学校"公众号的推送开始。每一个节气，公众号都会在"幸福教室"栏目，推送关于节气的教育叙事：《立春：拽着冬的袍子》《雨水：细雨如酥》《春分：燕来还识旧巢泥》《清明：光明肃穆的世界》《谷雨：春将尽》。一位家长在留言中写道："我正带着孩子阅读公众号中朱校长写的《惊蛰：吹响春天的号角》，轰隆隆的雷声就响了，孩子自然而然理解了惊蛰的意思，记住了惊蛰这一节气。"

从校园广播站的播音开始。听，黄琰老师正在为孩子们进行"我与二十四节气"的专题播音。"这个星期天是3月5日，我们将迎来二十四节气中的惊蛰。在此之前，动物们都冬藏在伏土之中，不饮不食，称为蛰。天上的春雷惊醒了蛰居的动物，则称为惊。"

从艺术的表演开始。2017年育才学校的"六一"主题活动，让每一个孩子都登上了舞台。整场活动以四季为主线，伴随二十四节气在春夏秋冬里的交叠更替，行走在春之歌、夏之韵、秋之思、冬之诵的旅程之中。孩子们用戏剧、舞蹈、武术、诗歌、演奏等方式，诠释对天地万物的感恩之心与欢喜之情。

从课堂的教学开始。

"很久很久以前，人类在大地上诞生了。为了生存，我们的祖先得寻找食物。男人会去狩猎打动物，女人则去采集植物的块根、果子或是野菜。他们找到了能充饥的果子，也猎到了能吃的动物。后来，我们的祖先偶然发现，丢在地里的种子，竟然长出了植物，这样获得的食物，比打猎更有保障。于是，他们开始了在田地里的耕种。植物最需要的是什么？怎样才能有更好的收成？我们的祖先开始了漫长的观察和思考。"

"地球围绕着太阳的路径，是圆圆的。"老师在黑板上画下一个圆。

"我们的祖先发现，有一天在一年当中非常特别。从这一天开始，白天会越来越长，阳光会越来越强。播下的种子开始发芽。这一天，是春分。"在圆圈上定下春分的点，标上"0°"。

"春分这一天，白天和黑夜都是12个小时。一年当中，还有一天白天和黑夜一样长，这一天在秋天。"孩子们看老师在"0°"的对应点上标"180°"，立马接上"秋分"。

"二十四节气，都住在这座圆圆的房子里。每移动15°，一个新的节气就开始了。让我们一起来为节气找位置。"春雨惊春清谷天，夏满芒夏暑相连。秋处露秋寒霜降，冬雪雪冬小大寒。根据《节气歌》，让孩子们给节气找到相应的位置。

鲁道夫·斯坦纳认为，儿童无法消化生涩的知识，老师要努力用艺术的方式带孩子学习。用讲述和在"圆房子"上找位置的方式，来帮助孩子们厘清二十四节气与太阳、与人类生活的关系。

把二十四节气与七十二候带给离农耕生活越来越远的儿童，意义何在？

二十四节气和七十二候，是我们的祖先与天地日月，与山，与水，与风云雨雪的对话。让儿童了解二十四节气与七十二候，意在感受我们的祖先与环境的密切关联，并期待儿童把目光和兴趣从机器中移开，引发儿童对周围气候、动植物变化的关注。

二十四节气中的老故事讲述

中国老故事，来自广袤的大地，来自日出而作，日落而息的农耕年代。我们的祖先，在自然力还不能为自己所支配，活动范围远不如现代人的年代，把对世界的观察，加入海阔天空的想象，融入老故事当中，勾画出一个生动无比的世界。

2017年1月6日，"育才电台"开播，每周五在"芙蓉区育才学校"公众号推送。我们希望，芙蓉教育通过"育才电台"，让幸福听得见。

娑婆世界，耳根最利。儿童经由聆听，走入宁静的内在，让想象力在声音所营造的原野上奔跑。教师、孩子、家长志愿者所讲述的故事，带动了孩子们对于整本书阅读的兴趣。"育才电台"中的老故事讲述，既有泥土的芳香，又有与现代儿童的连接，使儿童如处春阳和煦、惠风和畅的山野之中，有畅快奔跑的欢喜与愉悦。

中国老故事，来自这片土地的古老声音，来自大地的声声呼唤，对于儿童的成长，有着怎样的意义？

我们的祖先把他们的信仰，他们为人处世的经验，行万里路的阅历，读万卷书的智慧，藏入神奇的老故事中。

《人参娃娃》里的小宝，是老财主"胡刮皮"的长工。他巧遇人参娃娃并与他们成为好朋友。胡刮皮设下诡计骗小宝捉来人参娃娃。"小宝拿着红绳子，愁了一夜，不知道该怎么办。"是牺牲朋友保全自己，还是忠于友情保护朋友，这是小宝的难题，也是儿童与人相处时会面对的问题。小宝最后的决定是一定要保护好人参娃娃。最后，胡刮皮受到了应有的惩罚，"小宝和人参娃娃过上了自由快乐的生活"。"善"的光芒驱散迷雾，"善"的种子落入心田，儿童从老故事中明白，什么样的选择才能拥有更宽阔的道路，更美好的人生。

关于节日的故事中，往往寄托着我们这个民族的价值观念。《重阳节的故事》讲了农夫桓景如何成长为英雄的故事。在汝河两岸突然而来的瘟疫中，桓景的父母病逝，他守着几亩田地的平静生活被打破。看到乡亲们病的病，亡的亡，桓景心痛不已。梦境中父亲的话语，是对桓景的召唤与启示。由此开始，桓景走上自我成长和救助他人、改变世界的道路。桓景在"吃尽了万般苦头"之后，找到了仙人的居所。他"恭恭敬敬立在仙人门前"，等了四天四夜。桓景以诚恳和恭敬之心，打动仙人，并在仙人的指引下，苦练法术。九月初九这一天，桓景让乡亲们登上高山躲避瘟魔，准备独自一人与瘟魔搏斗。瘟魔来了，菊花酒刺伤了瘟魔的鼻，茱萸的气味让它头昏脑涨。桓景与瘟魔奋力搏斗，最后用青龙宝剑刺中瘟魔的心肺，让瘟魔倒地而亡。后来，人们把九月初九定为重阳节。"在这一天，人们全家团聚，登高望远，佩茱萸，赏菊花，欢度佳节。"

从农夫成长为英雄的桓景，让我们看到，个人的磨炼成长，勇敢无畏与坚强，将让他人过上更为幸福的生活。我们的祖先，虽然在神秘莫测的自然面前常感自身渺小，但却从未屈服。这样的老故事，将让儿童有更大的勇气，去面对生命中的种种挑战。

盘古开天辟地，是中国人的创世神话。《中国老故事》里，这样娓娓道来："这一天，盘古醒了。他睁开眼睛，发现周围一片黑暗，什么都看不见。他用力揉揉眼睛，仍然看不见一丝光亮。盘古觉得憋闷得慌，用尽全力向四周撞去，但是大鸡蛋只是稍微晃了晃，什么反应也没有。急切间，盘古拔下自己的一颗牙齿，把它化成威力巨大的神斧。"极具画面感的叙述，急切间拔下牙齿的机智与孩子气，让儿童与巨人盘古的陌生消融，他们甚至会在聆听中，阅读中，忍不住"揉揉眼睛""用尽全力撞击"，在动作与表演中感受巨人盘古在大鸡蛋中的憋闷。

盘古死去之后，左眼变成太阳，右眼变成月亮，泪水变成繁星，汗水变成细雨，身体化作山岳，肌肉成为良田，毛发成为森林，血液变成江河湖海，呼出的气体化作清风和云雾，发出的声音成了雷鸣，就连牙齿，也变成了金银铜铁、玉石宝藏……天地与人，就这样合一。个人的生命，融入美丽新世界，也成为融入民族血液的精神。

《盘古开天辟地》《女娲补天》《伏羲攀天梯》《夸父逐日》，这些老故事中升腾而起的生生不息的力量，是儿童对中国文化、中国大地的认同感和归属感的源泉。

今天的儿童，生活在一个以"变化"为背景音乐的世界中。曾经的绿色邮筒，不再默立街角，短信和 E-mail 之后，微信出现；曾经小心收藏生怕曝光的胶卷从生活中消失，其后出现的数码相机，也很快被智能手机替代。世界在大踏步向前，速度的旋风亦向儿童袭来。从早忙到晚的儿童，在每一个饱胀的"充实才艺"的日子里沉浮。可是，童年有它自己的神秘过程，有它自己的步调。

老故事来自萤火虫打灯笼的夏夜，来自寒冬的炭火边，它让儿童感受形象的幻想与艺术的夸张，感受舒缓的韵律与节奏。老故事如清风，吹进儿童"过度充实"的世界。

《借眼睛的虾》《一日三餐与三日一餐》《狐狸吃了虎和牛》《东瓜变冬瓜》《人可以活多少年》《雪面粉》《虎甥与猫舅》，这些老故事的题目，已足以让儿童的好奇与想象铺展开来。

一起读读《范丹问佛》。

……员外问他:"你要到哪里去?"

范丹说:"我要到西天找佛祖问问,为什么我每天干活,日子还是过得艰难?"

员外听了,对范丹说:"那你也帮我问问佛祖,为什么我女儿十八岁了,还是个哑巴。她什么时候才能开口说话?"

……土地公公问他:"你要到哪里去?"

范丹说:"我要到西天找佛祖问问,为什么我每天干活,日子还是过得艰难?"

土地公公说:"那你也帮我问问佛祖,我怎么这么长时间都不升官?"

……乌龟见了范丹,问他:"你要到哪里去?"

范丹说:"我要到西天找佛祖问问,为什么我每天干活,日子还是过得艰难?"

乌龟说:"那你也帮我问问佛祖,为什么我修炼多年,还不能升天成龙?"

……

总有人问范丹去干什么,范丹呢,总是那样回答,然后,总有人要请范丹向佛祖问一个问题。在可预期的缓慢推进的老故事中,儿童在稳定的节奏中走入故事深处,获得安宁休息的一刻。

再来读读《公冶长听鸟语》。"公冶长,公冶长,前山有只死山羊,你吃肉来我吃肠。"关于信守承诺的启示,不是以抽象的概念或高高在上的训诫,而是以这样歌唱般的不断反复,进入儿童的心灵。

给儿童讲老故事,是对与大地紧密连接、人和天地和谐共处的农耕时代的回望,是对来自大地的呼唤的声声回应,是带儿童回到中国文化的广袤乡野。

让中国老故事,回响在儿童的记忆里。这来自根部的滋养,将让儿童的内心更为蓊郁葱茏。

二十四节气里的古典诗词吟诵

每周一的升旗仪式上,我带领全校的孩子一起吟诵与节气相关的诗歌。我们在古典诗词的吟诵里,听雪花飘落的声响,看明月松间朗照,清泉石上流淌,感受每一个朴素日子的优雅和美好。

在"雨水"节气,与孩子们一起吟诵《初春小雨》:"天街小雨润如酥,草色遥看近却无。最是一年春好处,绝胜烟柳满皇都。"

如酥小雨让天街仿佛笼罩于云烟之中,云烟中有一抹青青之痕,那是初春的草芽。

韩愈欢喜着这样的柔美、纤细,欢喜着"近却无"的娇羞含蓄。吟诵之时,韵字是拉得最长的。"虞"韵的幽远甚而有一些缠绵的味道,正用声音将诗人的情感传达出来。

两个平声在一起,最适宜声音的拉长。"天街——",皇都大道在声音中敞开。"小雨",两个"舒徐和软"的上声,再加上含蓄的"润如酥——",孩子们的吟诵声里,初春的淡雅氛围如帷幕轻轻拉开。

吟诵诗歌

"草色"，两个齿音，特别轻捷，表现出草色之淡。"却"——"直而促"的入声，是"草色遥看近却无"发出的惊讶之声。

虽然只有满操场的人工绿草，但柳枝上星星点点羞怯露出头的嫩芽，也忍不住让我们感叹：

"最是一年——春好处，绝胜——烟柳满皇——都——。"

环境与诗歌的相互助力，触动了孩子的全人。

9月8日，白露。白露，天气由炎热转入清凉，夏的气息渐渐飘散，秋的味道悄然来临。

给孩子们讲白露三候。

"一候鸿雁来，二候玄鸟归，三候群鸟养羞。"鸿雁和燕子等候鸟南飞避寒。"羞"同"馐"，鸟儿敏锐地感觉到肃杀之气，储备食物，以备过冬。

白露时节，和孩子们一起吟诵《蒹葭》。

先学吟这几句。

> 蒹葭苍苍，白露为霜。
> 所谓伊人，在水一方。
> 溯洄从之，道阻且长。
> 溯游从之，宛在水中央。

水边的芦苇长得那么茂盛。白露到了，天气转凉。在清晨，在水边的芦苇上，我们看到了什么？

"我们看到了什么？"带孩子们来到千年前的水边。

"露珠。"

然后，我们看到了那个人，她在水的那一方。

我逆流而上去寻找她，道路险阻而漫长；顺流而下去寻找她，她仿佛在水中央。

"诗无达诂"。诗如佛家的禅，不可说，不可说。可对于儿童来说，适当的疏通和讲述是必需的。用"我"的方式，让儿童看见画面，走入诗中。

《蒹葭》来自《诗经·秦风》。"风"，是流行在民间的民歌。"苍""霜""方""长""央"，都是"ang"韵，拉长的声音，模拟出水边的苍茫与开阔。

《蒹葭》是水边的族群的歌唱。《蒹葭》的情感，也是如水般婉转的。虽然"溯洄从之，道阻且长"，但"溯游从之，宛在水中央"，艰难之中，希望还是在的。百转千回，虽然辛苦，但不会绝望。

和孩子们一起吟诵。在汉语言诗文最初的声音里，如水般素淡的忧伤在蔓延。

吟诵的慢，在四言诗里，在四个字就拉长的韵里，如长卷的古画，缓缓展开。农耕时代，那个水边的族群，有长长久久的耐心，看芦苇长高，开花，结果。那个缓缓慢慢的时代里，一定是有着这样缓缓慢慢的声音的。

在不断加速的时代里，我们需要在这缓缓慢慢的声音里，歇一歇，停一停，看蒹葭，看白露，看伊人，在水那一方。

在相应的节气吟诵相应的诗歌，是用艺术的方式，带孩子去感受，在各种天气状况下，大自然带给人生命的欣喜与抚慰。

诵读与吟诵，让孩子们在声音的高低、长短、疾徐相承继、相错综、相呼应而形成的节奏中，感受着母语的韵律。诵读与吟诵，让孩子们的声音和灵魂逐渐温软，眼神和心灵逐渐沉静，让孩子们在不断加速的世界里，找到定住过快行驶的生命航船的锚。

二十四节气中的游戏和习俗体验

儿童的生命体验，是留存在身体中的记忆。在过度强调智力，静坐过多的时候，让孩子们在季节变换中，感受每一个节气的美好。

惊蛰节气，天气渐暖，草木纵横舒展，孩子们也该活动活动了。

"只见老鹰左冲右突，小鸡们胆战心惊，不一会儿，两只小鸡就掉队了，先掉队的侯景程当了老鹰。他非常机灵，一会儿向右，一会儿向左，很快一只小鸡就被他抓了出来。"（王知宸）

"我一会儿左躲右闪，一会儿快速奔跑，玩得不亦乐乎。最有趣的就是母鸡转圈时，我们随着离心力甩了出去，真好玩。"（李一苇）

游戏中自由的奔跑，是对身体的解放。汗水、欢笑、舒展的身体与脸庞，游戏滋养孩子的，岂止是身体！

传统游戏满足了孩子天性中对自由的向往，对同伴的渴望。虚拟的游戏中，孩子投入的只有视觉和听觉两个感官。虚拟游戏隔断了孩子与真实世界的联系，打击甚至摧毁着想象力还处在微妙发展阶段的儿童。

相比体育锻炼，自由玩耍更适合儿童。在体育锻炼中，教练或裁判组织一切，问题的解决依赖外力。而在自由玩耍中，孩子需要考虑同伴的感受，并自己想办法解决问题。

正如《简单父母经》中所写的："我们都低估了自由无结构的玩耍。以社会而言，我们把孩子自然成长的丰富性打了折扣。自我导演的玩耍能建立多层面的、情绪上的智慧。它培养出游走于不定的未来的必需技巧，也就是需要愈来愈有弹性并有创意地解决问题。玩耍并非已经过时的旧式玩法，'许多的无结构的玩耍'乃是儿童成长发展的必需品，有人也许会说在现在这种大环境之下又比以往更为必要。"

清明节，孩子们最喜欢放风筝。那时，鲜花竞放，姹紫嫣红，正是"游遍芳丛"的时候。校园里，清风和畅，桃花、樱花落如雨。田径场的东面，一地细碎的樱花花瓣。

孩子们分成小组，到操场上去放风筝。一个孩子托举风筝向前奔跑，拿着线轴的孩子在后面跟着，一群孩子在为风筝使着劲儿，恨不能化成一阵风，让它扶摇直上青天。看，一只风筝飞起来了，孩子们的欢笑让风筝越飞越高。但它偏偏与旗杆交缠在一起，一头栽了下来。唉！孩子们齐声长叹。

第二只，第三只，好多只风筝在操场的各方或低或高地飞起来了。放风筝的孩子一个，追着风筝跑的孩子是一群。

感受阳光，感受清风，感受春天不冷不热的气温给人带来的舒适感，感受身体的全然放松。

立夏，孩子们织蛋套，玩撞蛋游戏。

在立夏这一天，很多地方有吃煮鸡蛋或鸭蛋的习俗。传说人们曾向女娲娘娘求助，问怎样才能让立夏之后食欲减退的孩子强壮起来。女娲娘娘让人们在孩子胸前挂上煮熟的鸡蛋、鸭蛋或大大的鹅蛋，来驱灾除病，保佑孩子吃得香，睡得好，精力充沛。

用各种颜色的线编成蛋套，把煮好的"立夏蛋"放入蛋套当中，挂在胸前。孩子们用煮熟的蛋来做斗蛋的游戏，蛋头撞蛋头，蛋尾撞蛋尾，蛋壳未碎者获胜。

编织蛋套对现在的孩子来说，是一项不小的挑战。他们对于这样的手工编织，充满热情与兴趣。但是，因为平时做手工的经验太少，在把十根彩绳绑起来打成一个大结的时候，他们就已经十分费力了。将相邻的两根绳子打结时，更是状

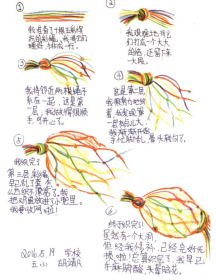

立夏彩蛋

况百出。第一层还勉勉强强能完成，但到了第二层的两两打结时，孩子们就有些混乱了。将相邻的两根绳子打结，要有耐心，找到邻近的绳子再打结，不能太着急。如果一着急就容易出错，一出错就是连环错，到时候网套就很难织成了。相邻的绳子打的是死结，拆掉重来很费事。编织的时候细心一点，可以省掉后面的很多麻烦。两两打结时，尽量密一些，如果网眼太大，鸡蛋就会从网兜里掉出来。

对于斗蛋，孩子们兴趣高昂。发自内心的欢乐，哈哈大笑的得意，在教室里弥漫开来。

和节气相关的活动，让习俗鲜活在儿童活泼的体验当中。不管是织成了的还是乱成一团的，每个人都收获了属于自己的体验，自己的记忆。

细节二 博物之美——以自然笔记为纬

无论大地发生了什么不幸，
不幸势必波及她的儿女。
我们编织不了生命之网，
我们不过网中一线。

这是西雅图酋长在很多年前说过的一句话，今天读来仍感慨良多。

我们都是大自然的儿女，我们都是大地的孩子。可是我们的傲慢、短视、贪婪、麻木，正在殆尽我们立足的家园。地球变暖，绿地消失，一些动植物灭绝。雾霾，是被我们冷落的大自然母亲迷蒙的泪眼。如梭罗所言："我们安居在大地上，却忘记了天空的模样。"

走得太快的世界，五色眩目，五音喧哗。可是，在速度旋风的裹挟里，我们仍然想追寻一种"定"；在瞬息万变的生活里，我们仍然想追寻一种"常"；在一望无际的水泥森林里，我们仍然想找寻到自我与大自然连接的转门。

芙蓉区育才学校全人教育的探索，以二十四节气为经，以自然笔记为纬。在记录中感受大自然中的生命，在记录中把自我融入世间万物。

大自然是最好的老师。在二十四节气里，用自然笔记的方式来观察自然，记录自然。

自然笔记是用书写和绘画的方式，给大自然书写日记。自然笔记更是一种与生命和谐的生活方式，是与大自然连接的一条路径。

做自然笔记需要哪些准备？

准备纸张或者有硬壳的本子，铅笔或者水性笔，可以备一块橡皮。孩子们一般喜欢用蜡笔和彩铅上色。

想要准备更充分一点的话，可以备好卷尺或短的直尺用来测量，用放大镜来观察植物细微的部分，用相机来拍摄快速移动的生物，也方便回家后对着照片整理完成自然笔记，各种图鉴可以用于资料的查阅，夜晚观察要带上手电筒，观鸟最好备上一个望远镜。

自然笔记观察的内容有哪些？

有关大自然的一切。空中的小鸟，草丛里的昆虫，静立不动的花、草和树，夏夜天幕上的点点繁星，城市街道旁的一片杂草，水池假山上的滑腻青苔，山顶眺望到的美丽景色……时时处处皆自然，只要我们有一双善于发现的眼睛。自然不仅仅在荒野和远方，更在我们身边和脚下的土地。育才学校的"阅城·长沙"计划，让研学旅行，从脚下的土地开始。孩子们用自然笔记的方式，从育才校园花草树木的观察和记录开始，走向社区，走向家乡长沙的山水之中。

自然笔记由文字和图画两个部分组成。

自然笔记的文字部分，需要记录时间（具体到年月日，甚至是上午或者下午的几点），地点，天气状况。无法用图画表达出来的部分，譬如心里的感受，聆听到的声音，闻到的气味，触摸时的感觉，可以用文字来叙述。

图画部分，则是忠实地画出我们所看到的。

没有学过绘画怎么办？

我们来看看孩子们做自然笔记的过程吧。在2013年2月的时候，我开始带孩子们做自然笔记，最初他们的自然笔记是这个样子的：

 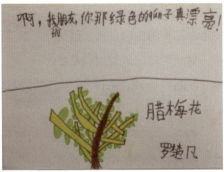

四年以后，2017年2月，孩子们所做的自然笔记：

这是我在 2013 年 6 月 1 日第一次的自然笔记：

这是我在 2015 年 10 月 10 日的自然笔记：

我们会发现，一天天、一次次专注地观察，不断地学习，慈爱的大自然母亲会握着我们的手，教我们描绘出更好的自然笔记。其实，对于自然笔记中的图画部分来说，画得好与不好并不是最重要的，做自然笔记最大的意义在于我们和大自然对话，并且增进了对大自然的了解。

自然笔记1：二十四节气里的歌唱

自然笔记让我们走进属于自己的地方和风景，让我们和自然连接起来。在这几年里，我们领受着大自然带给我们的种种快乐，我们看到或卑微或活泼的生命，在二十四节气的召唤里自由舒展，各美其美，踏歌而来，踏歌而往。

在雨水，感受乍暖还寒。

今天天气凉爽，凉风习习。我在成蹊亭坐下，只见有些树木已吐出嫩绿的新芽，可有些还没有。吸进鼻子的空气冰凉冰凉的。突然，一阵寒风扑面而来，我不禁打了个寒颤。

（2017年2月21日　黄馨逸）

在惊蛰，看春天如何坐稳了它的江山。

"坐看'江山'美，原来是'春'做主。"

春天的第一声响雷来临后，积水很多，因此很凉快，但这雨跟其他季节的雨不同，春天的雨虽也清爽，但却格外润滑，仿佛很有黏性。

柳树现在已长出了许多新叶，一片一片，真美！还有很多植物也长出了新叶，其中的一些植物的叶子，绿中发黄，黄中发绿，你在不经意间，便觉察春天已来到。

春天，降临得迅猛，也降临得悄无声息！

（罗楚凡 2017年3月7日）

在春分，我们把自然笔记画在了鸡蛋上。

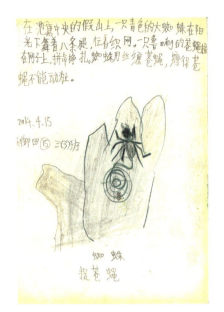

在春分,我们以"花儿和虫虫"为主题,进行观察和记录。

在池塘中央的假山上,一只青色的大蜘蛛在阳光下舞着八条腿,忙着织网。一只鲁莽的苍蝇撞在网子上,拼命挣扎。蜘蛛用丝缠苍蝇,缠得(到)苍蝇不能动为止。

(吴御田 2014年4月15日)

在立夏,孩子们开始养蚕。

现在立夏了,我们开始养蚕了。

蚕宝宝长得白白胖胖,吃起东西来,原本"文雅"的它下一秒就变身"超级大胃王",只见它头一扭一扭,不一会儿就吃掉一大片。

你们说,我的蚕宝宝可不可爱呢?

(李一苇 2014年5月5日)

在立夏,我们感受着初夏的气息。

今天立夏,天气酷热。太阳光照在水面上,平静的水面上反射出些许太阳的光辉。水龟们在水面上飞快地奔跑着,开心极了,小鱼也在欢快地游动,有时也吐泡泡,仿佛在欢迎夏天的到来。

(罗誉涵　2014年5月5日)

在芒种,我们寻找虫子的踪迹。

现在天气很闷热,雨水很多,特别潮湿。空气很热,我感到特别不舒服。天气潮湿,许多虫子出来了。一只蜻蜓在学校的灌木上飞着。家里阳台上,出现了马蜂窝。几只蜗牛在三角梅上爬动。

(吴御田　2015年6月16日)

在夏至,我们听蝉。

今天是夏至,感觉很闷。我来到花园,感觉有一股淡淡的清香。在夏天,几乎所有的树都是绿的,十分好看。梅树的叶子非常茂盛,可以为我们遮太阳,站在底下,会觉得很凉快。它的叶子被阳光照得干干的,很粗糙,叶子的纹路十分清晰。蜻蜓也在水面上舞蹈。在远处不时传来蝉的叫声,它们的叫声有些沙哑,先小后大,仿佛沙锤来回摆动。它们的叫声断断续续,叫完停一下,接着又叫,却只闻其声,不见其影,给人一种神秘的感觉。

(罗楚凡 2016年6月21日)

几年的自然笔记书写,让我们丢开刻板与绝对,以立体、多元、流动的方式来看万物。夜晚并非万籁俱寂,冬天未必万物萧索。每个节气,每段时间,大自然中都有美好的存在。我们在二十四节气的周而复始、生生不息中,拥有了更多的喜悦,寻找到生命中的"定"与"常",安住于四季的循环往复当中。

自然笔记2:让我们与世界建立健康的关系

在这几年里,有一些孩子在持续地观察育才校园中的一种植物,他们熟悉这种植物在二十四节气里的每一种样貌。

这是一个叫胡靖凡的孩子记录的关于海棠的自然笔记:

下雨了,雨点落在地上,发出欢快的声音。雨点儿落在海棠上,海棠便摇摆起来。可是有的雨点太用力了,一不小心,把海棠的花儿打到了地上。叶子却愈发绿了。海棠枝上只有几朵小花了。

(胡靖凡 2015年4月7日)

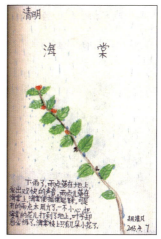

谷雨,风微微吹着,万里无云,海棠树枝上的叶子由浅绿色变成了深绿色。可是叶子强壮了,花却脆弱了。枝上只有一朵小花在风中挺立。

(胡靖凡 2015年4月21日)

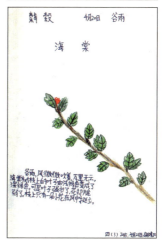

海棠宣告着春的最后一天,花儿已经枯萎了,叶子们却得意洋洋地告诉大家自己长大了。小蜜蜂出来采蜜了,原来它把蜜混在一起,粘在脚上了。春天的最后一个星期二是多么的阳光明媚!

(胡靖凡 2015年5月5日)

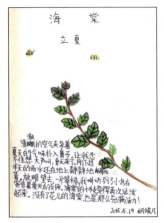

清澈的空气夹杂着夏天的气味扑入鼻子。让我忍不住想大声叫：夏天来了。刚下过半天的雨水还在地上静静地躺着，放眼望去，一片翠绿。我听到了小鸟在宣告着夏天的到来，海棠的小枝变得再次活泼起来。没有了花儿的海棠，也是那么充满活力！

（胡靖凡　2015年5月19日）

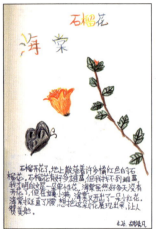

石榴开花了，地上散落着许多橘红色的石榴花。石榴花有好多雄蕊，但我找不到雌蕊。我才明白这是一朵单性花。海棠虽然好多天没有开花了，但在小满，海棠又开出了一朵小红花。海棠挺直了腰，想把这朵小花展现出来，让人赞美她。

（胡靖凡　2015年5月26日）

今天十分闷热，微风也没有送来令人期待的凉风。地面很潮湿，小鸟和小虫子都在活动。闻到的是树木的清香。海棠枝上结了一个大大的蜘蛛网。我还发现那个新枝渐渐变深了。地上有一个长长的枝儿，枝儿上竟有一个枯萎的花苞！

（胡靖凡　2015年6月16日）

细致的观察里，呈现出孩子与自然的连接越来越牢固。正是这样的连接让孩子能感受到、觉察到海棠的美,并在叶和花的变化里,充满欢欣与喜悦。

这是韩烁关于梅树的自然笔记:

梅树长高,我是冬天的开始,11月8日那天我的心愿是能把梅树朋友变成人。可以和我一起过生日、一起唱生日歌,我握握手,发觉她是多么冷,我要治好她!

(韩烁 2015年11月10日)

这几年,韩烁每周一次的观察,大多是梅树。快乐着树的快乐,悲伤着树的悲伤。他甚至渴望着,梅树和他一起度过11岁的生日。与同一种植物一同呼吸,一同走过四季,让一棵树,长进一个孩子的生命里。

陈铭钊和罗誉涵都写了关于池塘的自然笔记。陈铭钊的自然笔记,一派天真。罗誉涵的自然笔记描写细腻,有些自然笔记中,弥漫着少年的忧伤。

陈铭钊的自然笔记:

前几天是白露,天气变凉快了。大树爷爷的头发逐渐变黄了。绿叶渐渐变黄,黄叶则逐(渐)飘落,落叶就渐渐变为泥土,这就是生命的轮回!我静静地驻立在树旁,我仿佛也变成了一棵

树,我是蚂蚁的家,也是小鸟的舞台。我是白露的见证者。

(陈铭钊 2016年9月13日)

罗誉涵的自然笔记:

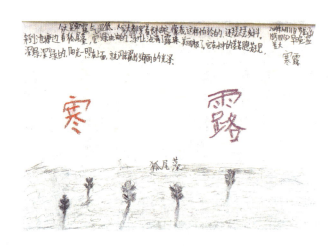

今天是寒露,气温低,大家大都穿着长袖衣,像我这样怕冷的,还瑟瑟发抖。来到池塘边看狐尾藻,它绿油油的,绿叶上沾满了露珠,美丽极了。它在水中的茎若隐若现,深绿深绿的,阳光一照在上面,就闪耀出绚丽的光泽。

(罗誉涵 2014年10月11日)

今天的天气阴沉沉的,瑟瑟秋风吹来莫名的悲凉感。同时也吹来了柳树的枯黄。曾经的柳树少女变成了一位中年妇女,虽还有些绿色,但最终还是会枯死的。曾经的树,曾经的风,不禁让人想起岁月的沧桑。

(罗誉涵 2014年10月28日)

芙蓉区育才学校成蹊亭边的两个小池塘,是孩子们的最爱。小小池塘里的动物植物,在季节的舞台上一一登场,一一退去。这一方池塘,照见天光与云影,照见自然的荣枯交替,也照见童年的发现。

孩子如何与世界建立健康的关系?情感,是最温柔,也是最坚固的纽带。

当孩子与自然紧密连接,就能在体验自然、理解自然中,以慈悲心来面对自然。

当孩子与自然紧密连接,我们就挽救了一棵大树,一条河流,一片天空,一块湿地,一个村庄。

自然笔记3:走向内在的安静恬适

我爱给我的生命留有更多余地。有时候,在一个夏天的早晨里,照常洗过澡之后,我坐在阳光下的门前,从日出坐到正午,坐在松树、山核桃树和黄栌树中间,在没有打扰的寂寞与宁静之中,凝神静思,那时鸟雀在四周唱歌,或默不作声地疾飞过我的屋子,直到太阳照上我的西窗,或者远处公路上传来一些旅行者的车辆的辚辚声,提醒我时间的流逝。我在这样的季节中成长,好像玉米生长在夜间一样,这比任何手上的劳动好得不知多少了。

我明白了东方人的所谓沉思以及抛开工作的意思了。

——梭罗《瓦尔登湖》

创作自然笔记时全身心投入的忘我状态,是一种心里空空的感觉,让我们得以释放压力,走向安宁。和大自然的相处,如梭罗所说:"这样做不是从我的生命中减去了时间,而是从我原有的时间里增添了许多时间。"

每周一次的自然笔记,让我们在大自然中汲取到沉静的力量,让我们在各种信息纷扰的年代，能够长期养护我们静定的心境。

童年从来就是叽叽喳喳的。走向安静，需要时间，需要一个过程，也需要一些方法。譬如九九八十一天的"九九消寒记录"，通过持续对大自然的关注，让孩子们把注意力从电脑、电视这些机器上移开，把目光投向大自然，让大自然无可穷尽的生动，来开启孩子的感官。

龚启嘉的九九消寒记录：

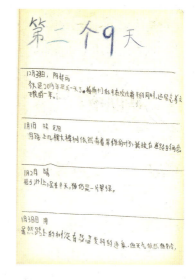

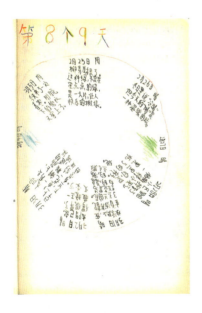

当从十一天过去时，一切都像变成了新的似的。
空气是新的，有些淡淡的辣味，但是那么迷人，虽说鼻子有些辣，但呼吸那味仿佛无处不在，直住你的心间里钻。

植物们的装扮也是新的，大体看上去，都是绿的，但如果你把每种植物都细细欣赏一遍，两遍，甚至更多遍，你会发现，每种绿都不一样，有深绿浅绿，极嫩的绿，深深浅浅，浅浅深深，翠色重叠，说不可言的交织在一起。

一切都是新的，一切又是旧的，那是因为大自然，换上了新的画妆。

黄启嘉 五(3)班
2016.3.22

我的九九消寒记录：

从最萧条也潜藏着最多可能的冬至开始,九九八十一天,生命的丰富相继打开。当我们对大自然敞开心扉,安静、恬适随之而来。

过于忙碌的生活,让我们的眼睛里充满了人和机器,心里充满了繁杂的事务。我们的感官逐渐关闭,对周围的动植物视若无睹,对大自然的变化无暇关注。在让孩子们做自然笔记的时候,会特别做一些设计,来打开孩子的感官。譬如打坐,视觉关闭,听觉、嗅觉和心灵打开。腾出一点时间和空间来专注于我们自己。

今天,我来到了羽毛球馆打坐。

闭上眼睛,什么都看不见,却可感受到眼前光芒四射,这是春天与早晨的光辉。顿时,我感觉世界突然安静了,没有不和谐的声音,变得宁静、祥和。忽然我耳边传出几声鸟叫,接着又有几声汽车的喇叭声,不时还会传来爽朗的笑声。但我觉得这些声音并不矛盾,混杂在一起,有一股说不出的韵律。

呼吸空气,感觉鼻子凉凉的。

太阳下的上午变得无比美妙!

(罗楚凡 2017年2月14日)

坐在台阶上,风便迎面而来,全身一下子就冷了起来,脸冰的,麻麻的。段言铮坐在我身旁,他的呼吸声一下子变得清晰起来,似乎是风声想遮掩,却又遮掩不住。教学楼中的读书声变得响亮起来,园丁伯伯修剪植物的声音也不时在耳畔回响,迅速而清脆。

(罗楚凡 2017年2月21日)

今天，朱老师带着我们大家去打坐。我坐在池塘边那条幽静的小道上。我盘腿端坐，大拇指捻着食指。闭上双眼，我感到自（己）变得轻松了、轻盈了，感到了春风的轻柔，感到了地面的冰凉。我也听见了教学楼里的琅琅书声，操场上老师们的欢声笑语，听见了飞机低沉的轰鸣。说实话，昨天家里的一些事，闹得我很不愉快，从昨天傍晚到今天，我都一直闷闷不乐的；但当我打坐时，我已完全忘却了这件事带给我的负面情绪，只听见冥冥中一个声音说道："过去吧，就让它过去吧！"同时，我在打坐中，也真正领悟到"心如止水"、"心无旁骛"了，因为我的心完完全全静下来了，学习的压力，生活的烦恼，全部都随风而逝，我"空"了。打坐，真是一个美妙的体验！

（李一苇　2017 年 2 月 14 日）

处于大自然中是有疗愈意义的，它帮助我们从每日生活的压力中解脱出来，抚慰我们的灵魂，让我们找到喧哗中的安适自在，静定自如，走向无有滞碍、身心合一的生命状态。

自然笔记 4：走向个性化的表达

自然笔记一定是"我的自然笔记"，它有着鲜明的个人色彩。自然笔记是我与自然的私语，是外在自我和内在自我的对话。

自然笔记中的画与写，是儿童依靠自己的力量寻路、开路的过程。没有了标准答案，在做练习题中形成的被动和依赖，因为连续的读与写，而被撼动。第一次是艰难的，但第二次，第三次……"我"的独特，从标准模式的壳中挣

脱出来，露出稚嫩的触角。

当孩子走向自然的时候，是他／她与自然的私语之时，这一刻，不要打扰，更不要喋喋讲授。在四年的自然笔记的记录中，孩子们逐渐找到属于自己的表达方式。

一只小小的虫子，会进入罗楚凡的眼中，并让他如此悲悯：

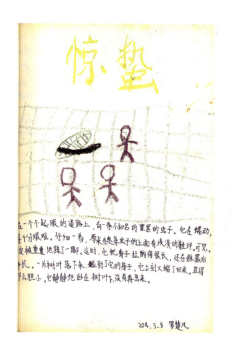

在一个不起眼的道路上,有一条不知名的黑黑的虫子。它在蠕动,爬得十分艰难。仔细一看,原来在这条虫子的上面有淡淡的鞋印。可见,它一定被重重地踩了一脚。这时,它把身子拉得很长,还在做最后的挣扎。一片树叶落下来,碰到了它的身子,它立刻又缩了回来,显得那么胆小。它静静地卧在树叶下,没有再出来。

(罗楚凡　2016年3月8日)

肖望华会替被瓷砖包围起来的栾树难过:

她是一棵好胜的栾树,可她被我们用瓷砖给围了起来。她就像囚犯一样被关在了一个封闭的空间,不能让根很好的(地)生长。我想,虽然瓷砖很有层次,是个漂亮的家,但我觉得她宁愿回到乡村,到那个土生土长的地方去快乐的(地)成长。

(肖望华　2016年9月13日)

谢雨昕在每一次的自然笔记里，都会画上天空的样子：

这是梅树，是蔷薇类的，它在寒冷的冬天开花，和其它花不一样，现在，它已经开出了红红的小花了。

今天雾霾，天阴沉沉的，空气中夹杂了一种怪味，现在的白天都跟黑夜似的。

（谢雨昕 2015年1月5日）

龚启嘉的自然笔记里有着哲学的味道：

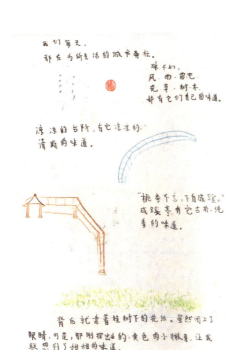

我们每天，都在为所生活的城市奔忙。

殊不知，风、雨、雷、电、花、草、树、木，都有它们自己的味道。

凉凉的台阶，有它凉凉的、清爽的味道。

"桃李不言，下自成蹊。"成蹊亭，有它古朴、纯香的味道。

背后就靠着桂树下的花坛。虽然闭上了眼睛，可是，那刚探出头的黄色的小嫩芽，让我联想到了甜甜的味道。

记得这株花，是我放学时偶然在后院看到的。未立春时，她就成了唯一一株已绽开花朵的植物了。这一定是火热的、耿直的味道了。

反观我们的城市生活，连睡觉时都不知道今天做了什么。

那种味道一定苦涩、沉郁了。

你喜欢甜味，还是苦味呢？

那么，回归大自然吧。

（龚启嘉　2017年7月14日）

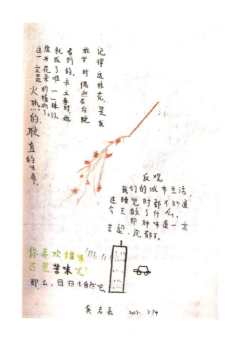

范芮萌的自然笔记由很多小图和小段的文字组成，逐渐形成她独特的表达风格：

桃树结出了花苞，开了几朵小花，枝头有一两片新长出的嫩叶，不仔细看是看不出来的。

有一株奇怪的柳树长了许多新叶，但看起来像爆炸了一样。

今天雾霾很严重，咳咳。

今天的天气不是很好，但我觉得并不冷。树木被淋了个透湿，泥土也一样。看不清远处的建筑，觉得它只是一个模糊的影子，一个遥远的记忆。很多花都结出新的花苞，有的甚至还开了。

（范芮萌　2017年3月7日）

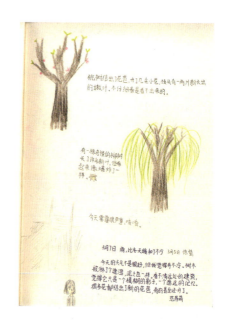

在做自然笔记之前，我们错过了大自然中许多的美好和奇妙。清朗明媚的太阳，纯净圆满的明月，郁郁葱葱的大树，风的一呼一吸，雨的淅淅沥沥。

在大自然的润泽下，我们感受到世界的光明和美，走向内心的敞亮、明澈。

自然笔记，是我们在浩瀚的空间和无涯的时间里，一张关于光阴、关于自然、关于自我的光盘。每一次的重温，细节都一一浮现，甚至于当时的气味、声音、心境，都被迅速唤醒。

记忆的根须，常常容易枯萎，渐渐脱落。让我们在自然笔记里，安放我们和自然之间的记忆吧。

附 录

学校典型建筑

学校介绍

　　湖南省长沙市芙蓉区育才学校位于长沙市解放中路南元宫8号，建于1950年，前身是一所革命干部子弟学校，首任校长是前国家领导人王首道同志的夫人易纪钧女士。学校占地面积17295平方米，有25个教学班。

　　1950年建校之初，育才学校就形成了因材施教，适合儿童身心发展的教育新思维。学校一直重视学生的体验式教学，从20世纪70年代即开二课堂之先河，建立课内、课外两条渠道并驾齐驱的教学新体系，之后社团活动蓬勃发展，校园呈现出生机勃勃的景象。

　　育才学校一直重视国际交流与合作，20世纪80年代，育才学校成为首批湖南省外事办确定的对外开放单位,聘请外籍教师,之后一直保持与英国手拉手学校的友好往来。

体现育才德育工作特色的优点银行,存储优点,创造自信,其创新、务实的做法被中央电视台报道,走向全国。育才学校"花儿与少年"交响乐团是湖南省首个少年交响乐团,曾在维也纳金色大厅演出。

2017年,育才学校全人教育的实践和探索拉开帷幕,以二十四节气为经,以自然笔记为纬,跨越学科之间的壁垒,让每一个儿童得到完整的滋养。育才全人教育期待回到生命成长的原点,回到教育本身,由衷地尊重每一个生命破茧而出的过程。

向着儿童那方,育才学校将继续前行。

房超平：充分彰显人本张力

作者说
一切教育改革都必须基于学生立场。
"无用"其实更"有用"。
面对孩子的错误，
教师要做到无错推断。

房超平,深圳大学城丽湖实验学校原校长、清华大学附属中学校长助理、陕西师范大学教育硕士合作导师、深圳大学教育硕士导师、全国高中名校思维导学教改联盟首席专家。

曾先后在深圳中学、深圳高级中学及深圳南山教科所等机构任职,有35年的一线教育教学和教育研究经历。在《教育研究》《课程·教材·教法》《人民教育》《中国教育报》《中国教师报》《教育科学研究》等国家核心报刊发表200余篇文章,出版专著4部,《教师发展的阿基米德点》《好教育成就好孩子》《思维第一:全面提升学习力》等三部专著先后入选《中国教育报》年度教师喜爱的100本书,入围"中国教育新闻网全国教师暑期阅读书目"。

细节一 天真之美

让"书虫"多些，再多些

四（1）班读书展示榜上有全班同学的阅读书单，在这个展示榜上，根据学生阅读的数量和进度，把本班的"小书虫"分为四个级别：凡人级、达人级、超人级和神人级。

下面是该班神人级"小书虫"邓沛岐第一学期的阅读书单：

（1）《开心校园密语》，34.7万字；

（2）《肚子里的小眼睛》，19.6万字；

（3）《小精灵派对》，13.9万字；

（4）《最有趣的情商故事》，30万字；

（5）《让小学生提高创新能力的故事》，20.5万字；

（6）《公主传奇》，43.2万字；

……

这一学期，这位小朋友一共阅读了16本书，阅读量高达373万字。

"相对于本班的另外一个'书虫'杨子乐小朋友780多万字的阅读量来说，邓沛岐同学的阅读量只能是小巫见大巫了。"班主任丘老师在学期小结中说起本班的"小书虫"喜形于色："班级绝大多数同学一学期的阅读量在100万字左右，比学校提出的每年阅读100万字的'任务'超出两倍呢。"

"读了这么多书？这个数字会不会不真实？"我有点不放心。

"孩子们的读书量由家长统计，定期给我汇报。我觉得，孩子和家长没有必要撒谎，"丘老师非常自信地说，"再说，我们还有课堂上'说阅读感受、写读后感、故事情景剧表演、故事创编'等形式的阅读分享，通过这些展示活动，就能对孩子们的阅读书目进行有效检验。"

无独有偶，三（2）班的"小书虫"于嘉杨的母亲、深圳大学文学院教师杨女士在家长会上的发言进一步验证了丘老师的说法："孩子的阅读根本不需要督促，也不需要检查，完全是自觉主动的。因为丽湖学校强化阅读教学，孩子们有兴趣读书，从而养成了良好的阅读习惯。"

看着于嘉杨的电子阅读书单，同样让我瞠目结舌：2017年阅读207本，其中重复阅读的有46本，共读105次……把2017年她读过的书堆起来，相当于她身高的1.3倍。而这个"小书虫"的阅读分享，更是验证了她母亲的说法。下面是她在二年级阅读分享中的一段话："假如我是一名书商，我会给大家推荐《小熊和最好的爸爸》。因为这套书教我学会了反义词。如：高与矮、胖与瘦、冷与热、先与后、黑与白、有与无等。不过，苦与甜不是反义词，它们不相对！同时，我还从书里学到了：成长也有礼物。成长的礼物不是玩具，不是新衣服，而是技能。书里说：小熊长大了，就学会了抓鱼。那我们长大了，能不能学到新的知识呢？我要感谢妈妈给我买了这套书，也要感谢她给我讲故事。我有一句赞美妈妈的话：你或许有无限的财富，一箱箱的珠宝和一块块的黄金，但是，你永远没有我富有，因为我有一个给我讲故事的妈妈。而你却不一定有。"

"于嘉杨是我班读书最多的孩子，班上其他'小书虫'的阅读量也不少：每周平均阅读量为2～3本，其中师生共读的书目每学期3～4本。"班主任李老师在学期总结中写道。

阅读的前提是识字。因此，一年级突破识字关就成了最关键的一个环节。为了突破这个难关，老师们把能想的办法都想了。"自理识字法、随文识字法、涂色识字法、字组识字法、卡片识字法、飞行棋识字法、掷骰子识字法……我们一学期下来，运用了18种识字方法。"一年级的王老师汇报一学期工作时颇

早读

有些得意,"我们把能想到的办法都用上了,总想找到一种最有效的方法。有一天周末,我突然开窍了:没有一种方法是万能的,只要有利于孩子们快乐识字的,就是好方法。"

让孩子们爱上阅读,让"小书虫"多些再多些是小学部语文教学改革的初衷。看到这些初衷正在变成现实,我不由得回想起开办小学部之初,自己对小学部语文教学改革的要求:"一年级集中识字,一年内识字量达到1800以上;二年级开始引导孩子们阅读,每学年阅读量达到100万字以上。只要能让孩子们大量阅读,成绩可以不要。"现在看来,把考试这个紧箍咒去掉以后,这些当初看似不可能实现的目标,都会在老师、家长和孩子的努力下,一个个变成现实。"

"别急着下课,接着玩呀!"

有时在玩21点游戏,有时在玩逻辑狗游戏,有时在玩聪明格游戏,有时则在玩图形拼接游戏,甚至有时还把大富翁游戏搬到教室里来……孩子们乐此不

数学游戏

疲,玩得不亦乐乎。而课后的作业,则是和爸爸妈妈一起玩这些游戏。

是的,你没听错,这是丽湖小学部低年级的数学课和作业的真实写照。

"张老师,别急着下课,接着玩呀。"一个小女孩对数学老师张老师说的这句话,代表了所有孩子的心声,也从一个侧面说明我对小学低段数学教学改革的主张受到了孩子们的拥护。

"孩子放学回到家,就要和我们玩扑克牌。开始时,我们怕孩子输了难受,还让着他。才过了一个月,即便我们不让他,也很难赢他。看来,孩子的口算能力提高得非常快。我们对这样的改革举双手赞成。"这位家长给老师发来的短信,再一次对数学游戏教学予以充分肯定。

但老师们却不是很放心。为了检测游戏数学的效果,开始实验的第一学年期末时,张老师用别的学校一年级的考试题让孩子们做了20以内加减法的测试,测试结果彻底打消了老师们的顾虑:孩子们平均成绩90分左右。"既能学得轻松开心,又能完成学习任务。这样的数学课改革,我们放心。"有位家长由衷地赞叹道。

尽管数学教学改革成绩有目共睹,但进入新的年级后,还是有一些家长不大放心：这样的改革会不会影响学习的效果和未来的数学学习？"别看是以游戏为主，但学习难度一点也不低。"在一次家长会上，张老师解释道，"比如，21点游戏，既要反复进行20以内的加减法运算，还要判断其他同学的点数以及下一张牌的大小。只不过，孩子们玩的目的是想赢，而我们让孩子们玩的目的则是希望他们多进行20以内的加减运算。再比如，逻辑狗这个游戏既训练学生的数学思维，又提高学生的动手动脑能力和观察力，促进思维发展。因为孩子们并不是简单地对图形进行配对，还要观察相应图形的形状、颜色和纹络，非常有挑战性。"

看个别家长还是不放心，张老师进一步解释道："其实，我们用传统的方法上课轻车熟路，也相对容易。而用这种游戏方法教学，我们非常辛苦，每天都要做道具，开学三个月，我就为孩子们准备了1000枚数字棋、1500张圆片、接近100张棋盘、900多张大大小小的卡片，办公室也成了一个大大的储物室。其实，我们的目的就是希望通过我们的苦和累换来孩子的乐与思。"

边听张老师给家长们解释，我边回忆起开办小学部初期提出数学教学改革的缘由和思路：曾有朋友介绍说，一些西方国家小学低段不开数学课，代之以"综合课"——通过让孩子们在课堂上分东西来学习简单的数学。究其原因，据说是数学的逻辑性太强，怕孩子们开始学数学时，会因为这个原因而对数学产生畏难情绪。尽管这些说法似乎有些夸张，但国内学生不喜欢数学的却大有人在。基于这个似乎不太靠谱却有些道理的理由，以及小学低段数学学习不很受学生欢迎的缘故，我苦苦思考小学低段数学改革的思路。正当我百思不得其解的时候，突然想起了南山实验学校的一堂有趣的数学游戏观摩课，并搜集网络上有关的资料，发现很多学校在数学教学中作了很多游戏化的尝试。"何不改为数学游戏课呢？"由此，数学游戏课的改革思路在我的头脑中定格，并转化为小学部全方位的数学教学实验。

事实证明，我们的改革选择和老师们的辛勤付出是值得的：游戏数学教学寓教于乐，不仅有效地活跃了课堂气氛，而且充分提高了小学生对数学学习的兴趣和团队合作意识，激发了孩子们的数学思维，促进了孩子们的全面发展。

学生考官比家长考官更认真

为了考查孩子多方面的能力,逐步适应学校生活,丽湖实验学校小学部对语数英各学科的期末考试形式和内容进行了一系列改革:一、二年级不进行书面考试,只开展期末party活动(各学科设立若干个活动项目,由家长和学生担任考官);三、四年级书面考试(书面考试30%的试题从学生命题中选择,下同)和期末party各占50%;五、六年级书面考试和期末party分别占70%和30%。

又到了一学期一度的孩子们最喜欢的期末party时间,这一次的party怎么搞,有没有新的变化?所有的老师、家长、孩子都期待着这一天早早到来。

在小学部举行的期末party策划会议上,大家你一言我一语,气氛非常热烈:有的老师提出要修订和添加新的项目,有的老师带来了事先征求的家长意见。看到大家这么投入,我插言道:"可不可以请孩子们和家长一起当考官?""好主意,我们可以选择优秀的同学和家长们一起当考官,这既是对孩子们的信任,也是另一种形式的'考试'。"小学部负责人梁志斌老师立即接过话头称赞道。

后来,经过小学部全体老师的协商,学生小考官作为这次party的主要变革措施,得以确定下来。

小考官

Party 开始后，学生小考官和家长大考官搭配在一起进行评价，一副很认真的样子。整个活动进行得非常顺利，也让所有老师悬着的心放了下来。

看着学生小考官非常认真的样子，我心里美滋滋的，为自己的创意点了赞。正当我洋洋得意地要离开活动地点时，从一个活动场地传来了争吵声，我循着声音走了过去。

"叔叔，你这样做不行，给这个同学打的星太少了。"这是小考官的声音。

"怎么不行呀？她的表现比其他同学差一些，只能给三颗星。"显然，这是大考官的声音。

"叔叔，你不了解情况。这个同学平时在班级说话非常小声。她今天的表现比以往任何时候都好，所以你应该给他五颗星。"小考官毫不示弱。

"呵呵，小朋友，咱们给同学们打几颗星是有标准的。她这样的表现都给五颗星，对其他同学不公平。"大考官笑眯眯地解释道，试图说服小考官。

"叔叔，按评价标准没错。但如果一定要按标准评价的话，她的努力就没有得到认可，这对她来说，打击实在太大了。我相信，同学们一定会同意给她打五颗星的。"说完，小考官招呼其他的小考官过来，似乎要和大考官理论一番。

"孩子，不是多数人同意的，就是对的。评价总要讲原则呀。"大考官也很坚持。

"校长来了，还是让校长来评评理。"本来我是来"观战"的，没想到小考官一下子把"难题"推到我身上。

"我觉得，你们说的都有道理。然而，评价标准不是我制定的。还是请老师来评判吧。"我想看看老师们怎么理解评价的含义。

"坚持标准没错，考虑同学的进步也有道理。"站在旁边和我一样"观战"的丘老师不得不出面解释，"如果一定要问我的意见的话，我觉得小考官的想法是有道理的，因为这五颗星不仅仅是对那位同学的肯定，也是对所有想进步的同学的鼓励和支持。即便大考官不同意给五颗星，我也相信，这个同学已经能从小考官的评价中获得满满的正能量。"

老师的发言赢得了阵阵掌声。

显然，这个同学 party 项目得五颗星还是三颗星，不，应该说所有同学的 party

得多少颗星都不那么重要了，重要的是，家长、老师和孩子们在这场特殊的争论中对评价意义的理解更深刻了，这不正是我们小学部举行期末 party 的初衷吗？

说到这里，再插一个"小广告"，以便进一步验证我的上述观点：这次 party 结束后，一年级的一位家长激动地给我打过电话来："校长，我的孩子从幼儿园至今第一次这么开心，因为他得了 158 颗星（这里说明一下，一年级所有项目都是五颗星的话，总共可以得 180 颗星）。只要家里来了人，他就拿出自己的积分单展示成绩。我想问一下，一年级得星星最多的孩子得了多少颗，最少的孩子又是多少颗？""你觉得，得星多少重要吗？不要说我们不让统计这个，即便老师们知道这个数据，也不会告诉你。因为孩子的开心才是最重要的。"我想，我的这个回答应该让家长对评价的意义有了更深入的理解。

事后，我了解到，这个孩子得到的星星数是最少的。我在想，如果是以成绩和排名呈现结果，这个孩子一定不会这么开心，而少得几分或排到第几名对这么小的孩子来说，又算得了什么。我们天天口头上喊要充分发挥评价促进发展的功能，但每每进行考试时，却把这个功能忘得一干二净。从这个意义上讲，我们在评价改革上迈出的哪怕是再小的步子，也是值得的。

"老师，我不想放假！"

早在一个礼拜之前，小学部丘锐老师就告诉我，周日下午的期末 party 结束后，小学部将举行第一个散学典礼，而且"命令"我必须参加。听丘老师说完，我看了丘老师一眼，似乎还有点忧虑：只有 65 个小朋友的散学典礼，我还有必要来参加吗？

"您一定要来，这可是学校小学部的第一个散学典礼，也算是对小学部半年来改革的大检阅，孩子、老师和家长们都会参加。"丘老师似乎看出了我的想法，临走前不忘再一次强化了她的"命令"。

是呀，本来只招收初中学生的丽湖学校，在班子的精心策划和强烈要求下，2014 年 4 月，南山区教育局终于批准开办精品小学部。从批准开办、完善方案，到招聘招生、开始全方位的教改实验，短短 9 个月时间，这个别具一格的小学部终于迎来了它的第一个散学典礼，我不去的话，确实有点说不过去。

于是，我从周六上午到周日上午，连续参加了小学部整个的期末 party 活动，一是借此看看孩子们在这半年里的收获，二是希望能从孩子们参加 party 的过程中，找到下午散学典礼讲话的灵感——毕竟我这个当了多年中学老师的校长，面对一年级小朋友讲话，心里多少有点没谱。

到了散学典礼的现场，才知道我这一天半准备的一切都是多余的。

在现场，我发现一班有个叫小樊的男孩，并没有像其他小朋友一样，欢欣鼓舞地等着领取老师们精心准备的奖品，而是躲在一旁悄悄流泪。

我走到小樊身边，弯下身来，摸着他的小脑袋问道："怎么啦？是不是担心没有你的奖品？如果没有你的奖品，老师单独给你准备一份奖品。""不是。"小樊摇了摇头说，"马上要放假了。我担心放假后，不能天天到学校来，也见不到老师和同学们，那该多无趣呀。"

听到小樊的解释，我不由得联想起国庆节后一个家长讲的一件事情：国庆长假的第三天早上，他女儿就闹着要到学校上学去。家长解释说，国庆节放七天假，而女儿就是不听，非得说，周末只放两天假。家长拗不过，只好带孩子去学校看看。到学校后，没有看到老师和小朋友们，女儿才悻悻地离开学校。而在当时，我有点不以为然，还以为是家长借故说好听的给我听。

想到这里，我打算放弃打了一天半的讲话腹稿，代之以"不愿放假"这件事为由头，表达我对小朋友的美好祝福。

奖品发完了，轮到我讲话了："小朋友们，马上要放假了，大家一定很开心吧。可是，小樊小朋友却告诉我，因为放假见不到老师和同学们，所以他很难受，他不想放假。"我环视了一周后，继续说，"因此，我想调查一下，不想放假的小朋友有多少。请不想放假的小朋友举起手来。"

原以为所有小朋友都会举手，没想到还是有两个小朋友没有举手。

正当我要询问这两个没有举手的小朋友原委时，一个小朋友举手后，站起来说："老师，我爸爸要带我回老家看爷爷奶奶。我不能不去。要不然，我也愿意和老师、同学们在一起。"另外一个小朋友接着说："假期里，我妈妈要带我去旅游，我都想了好久了。不去旅游的话，我也希望和同学、老师们在一起。"说完，两个小朋友眼泪吧嗒吧嗒地掉了下来。

"原来是这样,大家都喜欢在学校,都喜欢上学,都喜欢和老师、小朋友在一起。"听完两个小朋友的解释,望着台下孩子、家长、老师们满意的眼神,我会心地笑了:"这说明,我们的老师半年的努力得到了大家的认可。我希望,小朋友们在丽湖小学的六年都能像这半年一样开心、快乐,都能像这半年一样喜欢学校、喜欢学习。祝福大家永远开心快乐。"

我想,如果孩子们一直都像现在这样喜欢学校、喜欢老师、喜欢学习,那该是所有孩子的福音,也该是中国教改真正走向成功的开始。为了这个梦想,所有教育工作者所有的努力都是值得的。

他的变化像一面镜子

小捷三年级了,与刚到校时相比,从只待在自己的世界里,到经常能跟同学一起玩耍,并能很好地表达自己的情绪,懂得关心同学、老师,完全像变了个人。

有一次,我在教室观课时,小捷突然大叫了一声,然后便哈哈大笑起来。这个孩子的举动引起了我的重视。下课后,我找到班主任小李老师和小学部负责人、班级语文老师梁老师了解情况。

"哦,你说的是我们班的小捷吧?我觉得,小捷是个特殊的学生,有时正上着课,人就不见了。有时依在窗前看外面。有时跑到教室的图书角去做自己的事,总显得不是那么合群。"班主任小李作了简单介绍。

"这个孩子上课从来都不会把课本拿出来,也不会按照老师的要求去做,只是在自己的小世界里畅游,从来不跟同学、老师交流。我觉得,这个孩子好像有自闭症。我也曾跟孩子家长作过交流,但家长不认为是这么回事儿。说实话,面对这样的孩子,我们开始时也有点手足无措。"梁老师补充道,"后来,我想,每朵花的花期不一样,我们只能静等花开。既然孩子到我们学校来读书,我们就应该对这个孩子负责。所以,我和班上的几个老师协商了一下,大家都同意我的看法,那就是,要充分理解家长和孩子,尽我们最大的努力,多正面鼓励和引导,不批评不指责,让他与其他孩子一样,享受快乐的童年。"

"你们做得很好,这是落实随班就读政策的具体行动。"我赞扬道,"当然,我也知道,遇到这样的孩子,对你们来说非常辛苦。"

"小李老师特别好，他对班级同学说，小捷是个跟大家不同的孩子，我很喜欢他。大家如果喜欢老师的话，就要喜欢他，关心、爱护他。所以班上的孩子没有人欺负他，也都很关心他。"梁老师夸起自己的爱徒滔滔不绝。

"梁老师更耐心，专门让我安排一个非常负责任的孩子坐在他身边，小捷要离开座位，这个孩子都会拉他一下，也会主动关心他。梁老师还经常拉着小捷的手问这问那，所以小捷和梁老师最亲近，经常拿水果到办公室给梁老师吃。"显然，小李对梁老师这个"师父"更是钦佩有加。

"你们做得太棒了，向你们致敬。"听到两位老师这样说，我悬着的心放了下来。

……

两年后的一天，孩子的父亲给我发来这样一段话："在这样有爱的学校和班集体里，孩子一步步地在改变，慢慢地开始与同学有了交流，上课也能坐在自己的位置上不乱跑了。学习上也不例外，以前没有作业的概念，现在回家后，也知道要阅读英语。上学已经成了孩子每天最开心最喜欢的事！记得刚上学时，有小同学对我说：'叔叔，小捷好厉害，不用听课，数学全都会，是个小天才，但老师说，我们不能像他一样，因为我们不是天才，我们上课要认真听讲。'听了这句话，我非常感动。正是有了老师这样的引导，在孩子们眼里，小捷才成了另外一个样子，也才有了班级孩子对小捷更多的关照和爱护。看着孩子每天快乐上学、快乐学习，心里特别感恩。"

看完这段话，我想起了哈佛才女秦九歌说过的一句话："在国外，把有自闭症的孩子会编入天才班，之所以把'天才'这个名字赋予这些独特的孩子，是为了让他们获得充分的自信。"我们的老师虽然没有把小捷编入天才班，但也用"天才"这个词来形容小捷这样的特殊孩子，这足以证明我们老师的智慧和爱心一点不比国外的老师差。进一步想，如果我们只用成绩来衡量老师的教学能力的话，恐怕老师们不会这样对待像小捷一样的孩子。因此，我在为有这样的同事感到骄傲和自豪的同时，也为小学部能创造这样一个不比分数的小环境感到敬畏和钦佩。

从一定程度上说，小捷的变化像一面镜子，让我们更深刻地认识到，尊重与爱是最好的教育。

细节二 变革之美

这样的改革，让我们看到了英语教学的曙光

每次带校外客人参观，我都习惯性地邀请客人们参观小学部的升旗仪式。每次参观完之后，客人们都会对小学部升旗仪式的中英文双语主持赞不绝口："这么小的小朋友英语口语这么流利、这么自然，简直太棒了。"当客人们得知，小学部每周的升旗仪式都是2—4年级全体同学轮流

外教为学生上课

担任时,他们更是竖起了大拇指。

每当这个时候,我就想起小学部开办初期,我们提出的低年段英语教学的改革初衷:遵循语言学习规律,轻松、渐进地学习英语——先不记单词,不学语法,让孩子们学习日常生活对话,在轻松愉快的语言氛围中耳濡目染,循序渐进,等孩子们喜欢上这门语言后,再学单词,并适当学一点语法。同时,为了防止英语老师习惯性地按照以前的教法进行教学,我们研究决定,英语课和科学课全部由外籍老师上课,而中方老师全程陪同(后来,根据中方老师的建议,每周中方老师上一次课),其目的不外乎有以下两点:一是帮助外籍老师组织教学,防止全英文环境下,孩子们听不懂,教学不好组织;二是让中方老师学习外籍老师语言教学的经验,为全面改进英语教学作好师资准备。

虽然改革初期,我们与老师、家长们统一了思想,也取得了家长们的理解和支持,中方老师也能积极配合此项工作,但由于外籍老师开始选择的教材较难,加之师生双方都不适应这种教学,孩子们上课听不大懂,或者说吸收的不多,家长们对此项改革的热情急剧下降——毕竟中国的家长还是要看孩子们实际的收获,因为他们还要面对考试和非常激烈的升学竞争。

直到期末 party 时,孩子们的表现才彻底征服了家长们。"这些孩子才学了一学期,口语就这么好,看来学校的英语教学改革路子是对的。""我的孩子能和外教用英文进行交流了,真是太了不起了。""孩子们居然能看懂简单的动画片(英语 party 有一个听的项目),真是不简单。"……参加 party 的家长喜出望外。

一位在高校工作的妈妈放假后,给我发来短信:"开学以后,我一直对你们的英语教学改革不看好,因为孩子好像没有学到多少东西。孩子的父亲——一个外贸公司的负责人——更是对你们的英语教学改革颇有微词。但是期末 party 改变了我的认知。而寒假期间的一个电话,更是把孩子的爸爸彻底征服了。因为孩子爸爸与外国客商电话交流完了之后,儿子开腔了:'爸爸,你有几个单词发音不准,应该是这样的……''人家的老师是真正的外国人,相信孩子的发音不会错。'我禁不住赞扬起儿子来。孩子爸爸也瞪大眼睛说:'儿子,你太厉害了,连你爸爸这个博士的发音,你也能听出问题来。'看来,你们的英语教学改革真是有成效,特此表达对你们的敬意。"

2017年10月下旬，当学校中学部英语组老师到小学部三（2）班进行教学观摩时，看到英语老师用纯英语进行教学，孩子们和老师用英语交流达到炉火纯青的状态时，中学部的老师不仅纷纷感叹："这些孩子的口语实在了得，我们中学部的大多数孩子都达不到，坚持下去，一定会看到英语教学的曙光，哑巴英语也就会一去不复返了。"

从这节课的效果看，我们跟岗的小学英语老师已经从外籍老师那里取到"真经"了：是时候，该让她们担当大任了。也许明年，也许后年，她们能够从外籍教师手里接过这个艰巨的任务，承担起英语教学改革的重任，并把这种经验发扬光大。

为了进一步展示孩子们的英语口语，在"深圳大学城联盟学校演讲比赛"即将开始的前两天，我强烈要求主持中增加儿童英语主持这个环节。接到这个任务后，四个四年级的孩子准备了两天后，就仓促上阵了。但即便如此，他们也没有留下遗憾，而是以完美的表现赢得了观众的热烈喝彩，也让学校英语教学改革在更大范围内得到认可，让孩子们不再视学英语为畏途成为现实。

换个小环境，问题就迎刃而解

"在初一（6）班留学的这几天，我们知道了自己班与别的班级的差距在哪里……但说句实在话，我们班同学不比别人差，只是我们太贪玩了，没有心思学习罢了。我相信，如果每个人都有团队意识，都对班级作出贡献，就会让班级优秀起来。"这是初一年级（1）班小夏同学留学同年级（6）班一周后，写下的洋洋洒洒六千字的留学日记——《心态决定一切》的部分内容。

校内留学的由来，还得从初一（5）班班主任张老师对我的一个请求说起。学校开学后不久，（5）班班主任张老师就找到我说："我们班的小苏同学，跟我有点不对付，双方都不舒服。校长能不能让这个同学换个班级试试？"

望着张老师求助的眼睛，我想起了自己读中学时的一件事：高一第二学期，因为和班主任老师闹了点矛盾，我感觉班主任似乎因为这件事很不喜欢我。于是，我就觉得待在自己原来的班级非常不舒服，特别是见了班主任就更难受了，学习也因此受到很大影响。但苦于没有办法，只好勉强待在这个班级，直到高二换了班主任，情况才得到改观——如果高二没有换班主任的话，我可能就无缘上大学了。

想到这里，原本要拒绝张老师要求的我，换了个想法："这样吧，学生换班，不是一件容易的事情。你想换，别的老师也不一定会同意。我和学生中心协商下再回复你。"

跟张老师说完后，我思考了许久，心里想，像张老师一样的老师一定不少，而像小苏一样的学生也会很多。不同意吧，对老师和学生都是痛苦；同意吧，遇到类似问题又该怎样解决？苦思冥想，终于有了机制化解决问题的初步思考。

于是，我很快约学生成长中心负责人到办公室协商解决问题的办法。经过反复沟通和讨论，一项新的制度雏形诞生了，这就是上文提到的校内留学制度。

后来，学生成长中心经过与班主任、学生会代表反复讨论，达成了一致意见：这样的制度非常有必要，并形成了"丽湖学校学生校内留学制度"草案，后经学生会和班主任会议多次讨论定稿。这个制度对校内留学的程序和方式作了明确规定。其中，校内留学的程序有以下四步：（1）学生本人提出申请，并作出到其他班级后遵守纪律的承诺；（2）流入班和流出班的两个班主任签字同意；（3）年级审批、学生成长中心备案；（4）学生到新班级开始"校内留学"。而校内留学的方式主要有两种：一种是小组组长等班干部，到外班学习先进经验，时间一般为一周；另一种是学困生到外班体验新的环境，最短为一个月，最长为一学期。

制度形成后不久，小苏就按照程序到（6）班留学去了。到了（6）班后，老师们对小苏比较热心，也给了他很多机会，而学习上不懂的地方，同学也愿意帮助他。再加上小苏自己留学申请之前对遵守纪律的承诺的约束，小苏改变了迟到早退等不良现象，有了明显进步。一学期后，（6）班班主任和同学都舍不得小苏离开了。据此，学生成长中心又对这个制度作了修改：凡是留学后，流入班班主任和同学愿意留学的同学继续待在新班级上学，而本人也不想回原班级，就可以继续留学，直到这两个要素之一不存在时，再回到原班级上学。

这个制度的形成，用一句时髦的说法就是坚持"问题导向"原则。其实，"问题就是成长的需要"，"问题导向"就是以学生正当的成长需求作为制定和修改制度的出发点,以满足并唤起学生的成长需求作为制度的价值体现与归宿。我相信,只要坚持这个原则,不断完善学校管理制度,一个良好的局面就一定会出现。

"我才是真正的胜利者!"

这一天,一年一度的省级三好学生名额下发到学校。

学生成长中心负责人拿到文件后,找到我说:"我们可不可以按照我以前所在学校的惯例,让各班级推荐一下三好学生,然后,我们和班主任协商后,再报行政会议研究,确定一个人选上报区教育局?"

"为什么学生的事情要老师和我们来研究?"我想了一下,自言自语道,"是不是让学生自己来选择更好?"

"只有一个名额,不好选呀。"这位老师有点为难。

"办法总是人想出来的呀。你们开动脑筋去想。我相信,你们一定能想出更好的办法。等你们想好了再告诉我。"我的态度不由分说。

下午,学生成长中心负责人又找到我说:"您看这样可否?每个班选出一名候选人,然后把十个班分成两个区:1—5班为一个区,6—10班为一个区。1—5班的候选人按照抽签的顺序分别到6—10班演讲,6—10班的候选人则到1—5班演讲。两个区的同学一人一票,分别选出一名候选人。然后,选出的这两个候选人再到全校同学面前演讲,由全校同学一人一票投票选出最终人选。"

"我就知道,你们能想出更好的办法,果然不出所料。"我由衷地赞叹道,"这样的过程,实际上是对所有同学进行教育的过程。既能选出最能代表学生的代表,又能起到教育作用。何乐而不为?"

协商完成后,开始进行分区选举:每个班一人一票选出候选人。接着,每个候选人准备3分钟演讲,然后在另外一个区的各个班级演讲。最后,两区分别选出小易和小林两位同学进入全校大PK。

那天上午,全校同学都在盼望着这样一个PK活动的开始。

"我各科成绩非常优秀,也能遵守各项规章制度,团结同学,尊敬老师,各方面都受到老师和同学好评……"小易同学的演讲突出个人表现。

"我各科成绩不是最好,但也很优秀。我的突出优点是,担任学生会主席,非常乐于助人,热心帮助同学,对学生会工作非常认真……"按抽签顺序,后一个出场的小林更突出自己在集体事务上的表现。

在全校同学填写选票的时候,我客串主持人,询问两位同学:"你们分别预测一下谁会获胜?"

"这是一个难题。我觉得,我的演讲主要是突出了个人的优势,而小林同学学习和各方面都很好,而且还承担了很多社会工作。要是我选的话,我会选择小林。"显然,小易对自己把握不大。

"虽然我很优秀,但小易也非常优秀。但相较而言,我也觉得,我会胜出。"小林当仁不让。

接着,我又采访了几个同学和老师,结论似乎一边倒:小林胜出的可能性比较大。

然而,统计的结果却让大家大吃一惊:小林以微弱差距落后于小易,小易最终胜出。

评选结果当场宣布后,两位同学分别发表感言。

"今天对我来说,一定会终生难忘。虽然我输了,而且输得非常不甘心,但我尊重大家的选择。我会认真反思自己的问题,争取让自己变得更优秀。"落选的小林似乎有点不大开心。

"真是个天大的意外。我没有想到,胜出的会是我。虽然胜出的是我,但我觉得,这是我们包括小林在内的每一个同学的胜利,因为每个同学在这个过程中都参与了。感谢学校通过这样的方式选出省级三好学生。可能,同学们觉得小林要求太严了,但是,这是为大家好呀。小林,别难受。大家也许现在不理解,以后一定会理解的。"小易的话说出了我的心声。

竞选结束后,同学们都离开了,我发现小林却趴在班主任的肩头哽咽起来,刚才在台上始终面带笑容的小林完全变了个人。"你表现的比我好,因为刚才在台上你没有任何过激反应。要是我是你的话,我比你更难受,行为更激烈。因此,我要向你学习。"我拍了拍这个眼泪巴巴的孩子的肩膀,颇有点同情,"为同学们服务,耽误了那么多时间,却没有得到同学们的认可。我知道,对你来说，这是个不小的打击。但我们做工作不是为了同学的认可，而是为了锻炼自己的能力。当然，你也要反思问题。如果咱们在管理的时候，更关注同学的感受；如果在发表演讲的时候，多一些谦虚……也许，今天的结果会改变。我相信，经过这件事后，你一定会变得更加强大。如果你这样想问题，那么你没有胜出这个结果，就一定比你胜出这个结果，对你一生的影响更大。"

也许是我的劝解起了作用，也许是小林本身足够强大。我说完后，小林抬起头来，露出自信的微笑。

几天后，小林对我说了这么一句话："虽然我输了，但值了，这件事给我留下终生难忘的印象。如果我由此变得更加强大，我才是真正的胜利者。"的确，"金无足赤，人无完人"，一个人只有敢于正视自己的不足，才能在学习生活中有所警觉，有效避免衍生出不应有的败局；勇于自信地正视自己的不足，才能够自我完善、不断强大，这才是真正的胜利。而为学生们创造一个终生难忘的机遇的学校，才能让学生们都成为真正的胜利者。

细节三 管理之美

让青年教师走上前台

"感谢遇到你们,是你们让我对'优秀班级'有了全新的认识;感谢遇到你们,是你们让我学着做一个心中有大爱,用心、用情去鼓励每一位学生的老师;感谢遇到你们,是你们让我由青涩走向成熟,走向职业生涯新的更高的起点。"这是获得南山区英语教师演讲比赛一等奖的张璐老师,在"深圳大学城联盟学校青年教师演讲比赛"中的一段话,在这次演讲比赛中,张老师获得一等奖第一名。

随着深圳对优秀教师人才吸引力度的下降,新办学校招聘教师遇到了一定的阻碍。无奈,成立之初的丽湖学校只能从优秀毕业生中选拔进行培养。张老师就是平均年龄不到35岁的丽湖教师团队中的一员,像她这样毕业刚几年获得各种大奖的老师还有不少,比如获得市级命题大赛一等奖、区级教学比武一等奖的郭昱晨老师,获得区级教学比武特等奖的熊雅丽老师,获得全国有效教学比赛奖项的余晓玲老师、唐娟老师、梁丹枫老师,获得区级教学比武一等奖的陈璞老师,刚刚毕业半年就获得区班主任演讲比赛一等奖的李慧哲老师及获得区级教学比武一等奖的涂金老师。

老师指导孩子学习

如何让这些刚出社会的学生成功变身为 hold 住学生的老师，进而锻造出一支符合现代学校需要的教师队伍，完成自我造血功能，这是摆在丽湖这所新建学校面前的艰巨任务。

为了完成这个艰巨任务，建校伊始，我们就根据学校发展的需要以及年轻教师偏多的现实，制定了岗前培训、双向培训（教师既是培训者，也是被培训者，由教师自己申请提出培训方案，其他教师自愿参加）、影子培训（派出青年教师到清华附中、哈尔滨工业大学附中等名校进行跟岗学习）、师徒帮扶（每个青年教师选择两个导师——班主任导师和学科导师，进行帮扶培训）、团队评价（以班级教师团队和师徒团队进行捆绑评价）以及特级教师指导（语数英三个学科各聘请一名特级教师定期指导三个学科组教师）等促进青年教师成长的相关制度，搭建了每年轮流举办的青年教师教学基本功比赛和班主任专业能力大赛两个平台，成立了包括读书会、课改突击队、信息技术小组在内的青年教师协会，每年安排三分之一左右的教师赴外地学习取经，再加上学校组织开展的观课评课活动，为青年教师的快速成长铺平了道路。

为了让青年教师脱颖而出，我们把参加各种区级以上比赛的机会都给了青年教师，举全校之力帮助青年教师设计、修改、完善教学方案，多次临摹比赛情境，指出比赛中应该注意的事项，并逐一帮助解决。

功夫不负有心人。在学校行政部门和全校教师的共同努力下，青年教师一个个茁壮成长，逐渐成为学校的骨干。青年教师熊雅丽在获得南山区作文教学比赛特等奖后，在自己的日记中激动地写下了这样一段话，代表了全体青年教师的心声："受过苦、流过泪，但毋庸置疑的是，我经历了暴风骤雨式的成长，由手足无措到从容应对。为了早日成为一名好老师，我如很多年轻教师一样，不断观课、磨课、上示范课、上研讨课、参加各类比赛、写教学反思……苦涩的汗水背后一定会有甜蜜的收获。"

用书"搭建"学校

在语文科组的读书分享会上，梁杰夫老师分享的主题是：读《论语》，走近孔子。他的分享主要分析孔子的几位学生：颜回、子路、子贡。当讲到子路的死对孔子打击很大时，他的眼中含泪、声音哽咽。参与分享的老师们都被这种真情实感的阅读打动了。在分享会结束前，这位学古典文学的年轻教师说："教师的灵魂如何提升，非读书不可！从某种意义上说，一个教师成长的历史，就是他读书的历史。"

这是学校应对基础薄弱、生源欠佳等办学治校难题，组织开展全员读书活动的一个镜头。

作为办学策略的重要组成部分，我们把全员读书活动简单地概括为"四共"，即干部共学理论、教师共享体会、学生共读好书、家庭共闻书香。其中，干部共学理论是指每学期干部要制定自己的读书方案，并在干部会上或干部群分享一本理论专著的主要内容和体会；教师共享体会是指教师要通过双向式培训（指教师既是培训者，又是被培训者）分享自己的读书体会，交流自己的学习经验；学生共读好书是指通过读书人物评选、推荐活动以及语文课每周开设两节阅读课，促进学生的广泛阅读，开阔学生的视野，并组织学生轮流在升旗仪式上分享读书体会；家庭共闻书香是指通过制定书香家庭星级评价标准（家长自我申报，班级推荐，学校评选），督促亲子读书活动的开展，影响家长的教育观念和生活行为，改善学生在家庭的读书环境和氛围。

为了使"四共"要求落到实处，我们制定了行政干部学习分享制度：（1）保

图书超市

证分享时间。规定干部每周必须轮流分享一本书的读书体会，雷打不动。（2）确定主讲人员。行政会议成员轮流分享学习心得，排出分享顺序，定时定人。（3）明确分享内容。每次分享一本书的内容，分享主讲人员要提前一周预报分享题目，并准备好分享PPT。

为了使全员读书活动成为教师的切实需要，触手可及处便是图书，我们把有限的图书经费按照一定的比例，分配给班级、学科组以及每个任课教师：每个科组3000元、每个老师5000元、每个班级3000元，让教师、班主任、学生根据自己的喜好和需求选择合适的图书。这种"藏书于民"的政策把整个学校变成了一个大图书馆，能够让教师和学生随时随地阅读自己需要的书籍，被老师们形象地称为"无障碍阅读"。

为了促进学生开展阅读活动，我们每周升旗仪式上的国旗下讲话都变成每班学生轮流分享阅读体会的重要平台：一般来说，没有重大活动，每周都会有两到三名学生分享阅读一本书的体会。一学期下来，在全校同学面前，至少会分享50本以上的书籍，很多学生因为这个分享活动，第一次在1000多人面前开口讲话。活动的举行，不但促进了学生阅读活动的开展，而且让学生们有了难得的开口讲话的体验。

下面这段话为我们开展全员读书活动作了很好的注脚："要创造爱书和尊重书的气氛，要对书有崇敬的感情，要创设学习化、人文化、潜移默化的校园阅读生态环境，让校园氤氲书香，这应该就是学校和教育工作的实质之所在。"

让管理的人本张力充分彰显

2015年12月，办学仅仅三年的丽湖实验学校，在名校林立的深圳特区被《南方都市报》评为"深圳改革创新领跑学校"。之所以能获得这个荣誉，不是因为学校的办学成绩比其他名校好，而是因为学校在管理变革中推出了去行政化的若干举措。

1. 机构变革，使学校更像学校

在丽湖实验学校，没有一般学校的办公室、德育处、教导处、科研处、总务处，取而代之的是四个中心：学生成长中心是学校的第一中心，依次是教师发展中心、行政服务中心、后勤保障中心。在学校的四大中心中，学生成长中心整合了以往的德育处和团委功能，主要负责德育、团队、师德考核、学生学习方法策略研究及指导、心理健康教育、学生活动、社团、家庭教育、社区协作等工作，尤其是把学生的学习方法和策略指导放在非常重要的位置，从而把德育与学生在校生活和活动紧密结合起来，有效抑制了德育空洞化的倾向。教师发展中心整合了以往学校的教导处和科研处的职能，主要负责教学管理、教育科研、课程设置与开发、教师培训以及教师招聘、职称评聘、档案管理、教师发展评价考核等工作。而以往的办公室成为行政服务中心，并由第一职能部门退居"老三"，总务处和安全处则合并为后勤保障中心。处、室都是行政单位的称呼，具有强烈的行政色彩。

我们进行机构变革的目的是，改变中小学管理行政化倾向，让学校更像学校。从一定意义上讲，管理改革不仅仅是部门名称和行政序列的变化，而且标志着学校管理重心的转移，即由"眼睛向上看"（教师看中层的眼色、中层看校长的眼色、校长看行政领导的眼色）变为"眼睛向下看"（校长关注中层和教师的需求，中层关注教师的需求，教师关注学生的需求）。

2. 职能转移，使执行更加有序

在管理改革中，我提出了"双转移"思路，即把与教育教学工作有关的职能放在各个中心，把执行的职能放在年级。中心只负责研究、指导、协调与支持功能，其他的课程编排、教师调课、班级编排以及学籍管理等职能一律放在年级。

为了凸显教师在学校工作中的主人翁地位，学校制定了无官职人员称谓制度和宾馆式后勤服务制度。无官职人员称谓制度，我明确提出"老师是最高职位"的要求，要求在校内不论是校领导还是中层干部，一律称呼老师。而宾馆式后勤服务制度则要求行政后勤人员对教师做到主动、预约、上门服务。刚开始实施这项制度时，部分行政后勤人员担心工作量会大大增加。但实施一段时间后，他们发现，不但没有增加他们的工作量，而且还让他们有更多时间处理其他事务。因为以前后勤行政人员必须在办公室坐等服务，改革以后，他们每天只要在固定的两个时间给老师们服务就可以了。其他时间则不必守在办公室，可以去做各种准备工作。

3. 无错推断，使制度更加人本

在很多学校中，学校管理行为和管理制度是为了保住管理的"底线"——要求教师做到学校的基本要求，比如鼓励出全勤、规定听课的节数、检查教案（学案）和作业批改的次数、要求教师每年必须写一篇论文等等。但我认为，这些管理行为和制度，往往只对教师行为提出具体的数量要求，至于教师是否是发自内心、心甘情愿这样做，就不得而知了。因此，学校管理的"底线"不是在考勤、听课节次、教案完成情况等日常工作的数量上达到学校管理的要求，并以此约束教职工的行为，而是要让教职工有幸福感、成就感。换句话说，不是要管住教职工的"手和脚"，而是要"管住"教师的"心和脑"，释放每个教师的能量。

据此，我们提出，管理行为和制度应该以"无错推断"为原则——任何教师都想为学校建功立业，都不想恶意违反学校的管理制度。换句话说，如果教师违反了管理制度，那一定是制度有问题或者出现了意外事件。在无错推断原则下，学校起草了诸如诚信化考勤制度（请假不问理由、不设全勤奖）、协同化备课共享制度（教师个体分任务备课，骨干教师把关，小组教师共享）、开放式学校会议制度（学校没有秘密，所有会议对家长和教师全方位开放）、招标式项目实施制度（学校重大教育教学活动实行招标制，每个教师都可以过一把"校长瘾"）等管理制度，从而使制度的人本张力得以充分体现。

虽然在诸多改革中，这项中小学去行政化的改革难度非常大，但我想，只要我们丢掉"官本位"的思想，以"教本位"取而代之，中小学去行政化的改革就一定能取得实质性的进展。

附 录

学校典型建筑

学校介绍

　　深圳大学城丽湖实验学校是2012年9月由深圳市南山区政府创办的实验学校，起初为初中学校。2014年5月，根据南山区教育局打造北部片区品牌学校战略的需要，设立试验性质的精品小学部，成为九年一贯制实验学校。学校位于风景优美的西丽湖水库旁，占地面积为3万多平方米，总建筑面积近2万平方米。建校五年来，《中国教育报》《人民教育》《广东教育》《南方都市报》和中国教育电视台等媒体先后70多次报道学校改革创新和课堂教学改革的经验，被《南方都市报》评为"深圳教育改革创新领跑学校"，被深圳市教育局原局长郭雨蓉誉为"深圳新办好学校的典型"。

郑铁军：享受教育，享受成长

作者说
让每一个孩子享有健康快乐而有成就感的童年和少年，让每一位教师享有职业的尊严和快乐！

郑铁军，1968年生，内蒙古土默特左旗人，东北师范大学物理系毕业，工作十年后，于2000年至2003年在北师大教育管理学院攻读教育管理硕士学位。2002年3月至2003年3月，南下广州参与学校筹建及民办教育研究。2003年7月毕业后，为了追寻教育理想的实现，返回广州接任北师大南奥实验学校校长至今。2015年获广东省首届当代民办教育校长突出贡献奖。目前担任广东省民办教育协会理事，北师大广东校友会副会长，广州市番禺区民办教育协会副会长。

细节一 思想之美

解读校标

校标,作为一所学校的标志,蕴含着学校的校园文化及教育理念。那么,我们的校标有哪些含义呢?

从外观看,我们的校标由绿色的稻穗和跑道组成一个开放的环形,在其交合处"北师大南奥实验学校"几个字以平台的形式出现,平台上是三个品字形排列的人的造型。

穗是广州的简称,稻穗取穗之意,表明我们学校地处广州;跑道取运动之意,暗示学校地处以健康运动为居住理念的南国奥园。从文化的角度讲,穗代表岭南文化,跑道代表奥林匹克文化,而这二者与北师大文化一起构成了学校校园文化的基础。另外,绿色的稻穗象征生命,延伸的跑道象征健康。在这样一个地域及人文内涵深厚的氛围中,北师大搭建了一个人人发展、发展人人的平台——北师大南奥实验学校。在这个平台上,学生、教师和家长及社区成员得以健康发展。整个图案不闭合,表明我们的学校是一所开放的学校,我们的教育是开放的教育。

校标中的人没有采取隐喻的方式而直接以人形凸现,其意义在于直言我们的教育就是人的教育，不同于以禾苗、花朵、小鸟等非人的物的暗示。因为人不同于禾苗、花朵和小鸟，人是有情感、有思想、有智慧的生命体，我们的教育是活生生的生命教育！

基于岭南文化、奥林匹克文化和北师大的校园文化，其主要精髓是："扬弃传统，标新立异"的思维方式；"更快、更高、更强"的行为追求；"追求高雅，追求卓越"的校风；"诚信探究，健康第一；志存高远，脚踏实地"的校训；"好奇、善思、自信、认真"的学风。

北师大南奥实验学校就是浸润于这样一种文化氛围中的发展平台，"人人发展，发展人人"是我们学校的办学宗旨，也是我们的核心教育理念。它的含义有三：一是"人"，即教育必须是人的教育，生命的教育；二是"发展"，即教育的核心是促进人的和谐发展；三是"人人"，即学校教育中需要发展的对象是学校所涉及的每个人。这一点有两层含义：首先，强调每一个个体的学生；其次，指除学生外，还应该包括教师、家长及学校所在社区的成员。

学生作为学校教育发展的主体是确定无疑的，关键是把每一个学生作为一个大写的人来促其发展，这是我们生命教育的基点。

我们认为，没有教师生命质量的提升，就很难有高的教育质量；没有教师精神的解放，就很难有学生的精神解放；没有教师的主动发展，就很难有学生的主动发展；没有教师的教育创造，就很难有学生的创造精神。教育是一个使教育者和受教育者都变得更为完善的职业，而且，只有当教育者完善自己时，才能更有利于学生的完善与发展。因此，除学生外，教师也是我们学校发展的主体之一。

由于"教育是平等、对话、交流、理解"这一新的认识的确立，家长就不再是孩子学习的监督者，也不仅仅是孩子学习的辅导者了，同教师一样，家长就会变成孩子学习的参与者、促进者和合作者。新课程的实施，没有家长的理解、支持、配合是有一定困难的。家长理解并接受新的教育思想、新的教育理念非常必要。由此，家长也成了我们学校教育关注的对象。

综上所述，我们的校标主要表达的是以人为本、追求高雅、追求卓越的校园文化和人人发展、发展人人的关注生命教育的教育理念。

让教室成为学堂

非要抓住字眼说事似乎有牵强之嫌，但好歹有这么个抓手，能让我们据此开启思考之门也未必是件坏事。

就字面直解，教室乃教育学生之所在，学堂是学生学习的地方。学堂本来也是我国古已有之的称呼，不知何时成了教室。但依所谓的现代教育，却还得把它还原为学堂——不是更名，而是达意。

教室应该是学生学习的地方，是通过教师的教而达成学生的学的地方。因此，走入这个叫作教室的房间，秉承现代教育思想，必须铭记我们是为学生的学而来。我们所做的一切，无非是激发、引导、支持和促进学生的学。此地的主角是学生，此地是学堂。置换了房间的主角，并不是要忽视老师的教。相反，老师的教来得更加重要，更加有实效。其实效，就反映在学生是否是在老师的教中做着自主建构的事情。真正把教室变成学堂，需要观念的更新，更需要体现这种更新的实际行动。从备课到上课，从课堂的宏观策略到教学的微观细节，处处需要用教与学的辨证来考量。从洋思模式到杜郎口经验，再到广东的生本教育，大抵都在进行着教室变学堂的革命。

撇开教学的观念和行为，单就教室的环境，从学堂的视角看，变革的空间也不小。既然教室是学堂，教室环境就该是支持和方便学生学习的。看了美国的教室，我们明白了学堂该是个什么样子。美国的教室就是某科老师的根据地，他们精心地经营着自己的这个园地，进入他们不同的教室，就会有不同的学科味道。其共同的特点是，房间中的一切陈设，都是为方便学生的学：从挂满墙壁的学科图片到四周摆放的相关学具和书籍，让置身其中的孩子俯仰兼受熏陶，动静都能学习。看着他们的学堂，我勾画着我们的教室。我们的各个功能室，完全有条件变成学堂。让那些沉睡在储藏室的物件，走入孩子们的视线和手中，从而还原它们本来的名字；让那些枯燥的数据和公式，伴着鲜活的人物登场，从而在耳濡目染中深入学生的心田。这里还不只是学科展览的园地，更是激发学生主动探求的实验场。我们的各个教室，也能在有心人的手中，尽可能地体现学堂的模样。虽然它是各个学科混杂使用的场所，但它毫不排斥每门学科在其中划出自己的园地。在这块园地中，您大可尽情播种支持学科学习的种子，让这些种子随着学习的进度，生长出春夏秋冬四季轮回的风景。我想，具有大视野的班主任，决不会阻止任课老师的耕耘。相反，他们会主动开辟促进各科学习的综合园地。因为他们明白，教室不是班主任老师的领地，而是班级孩子的学堂。

教室变成学堂，我们期待着。

校园节日是什么

从学校开办之日起，秋季的体育科技节、春季的文化艺术节就成了南奥人自己的传统节日。应该说，这些活动的举办水平一年胜过一年，给所有参与的老师、同学和家长带来的愉悦感、满足感和成就感也愈来愈多。然而，举办这些活动，就要"耽误"一些时间，耗费一些精力，因此，质疑的声音也一直存在。我觉得，要确定校园节日的意义和价值，必然需要搞清这些节日是什么。

这是一种生活。这里面有一个基本的判断：学校生活只是为了未来作准备，还是其本身就是学生生命中最灿烂的一段历程？简单做一个加法，一个人从进入校园到离开校园，至少要度过12年的时间，如果继续进入高等学校，就需要再增加4～7年的时间。如此漫长的一段校园生活，如果仅是为了未来作准备的话，是否有违生命的本意？作为学子生命中一段重要的历程，学校生活本来就应该是丰富多彩的。就如各民族都会有一些有意义的节日一样，校园生活也需要用节日标记生活。要不要为学生创造一个多彩的校园，要不要给他们一个生命浸淫其中的生活世界，就成了我们要不要设立校园节日的理由。

这是一种教育。这些校园节日本就是一种活动课程。用教育的眼光去设计和组织这样的活动，就是在进行教育。特别是要想充分地发现、发掘和发展每位同学的个性潜能，让孩子们拥有健康、快乐、有成就感的童年和少年，就必须依据多元智能的理论基石，去搭建和创设让每一位同学展示、发展以及获得和体验成就感的平台与机会。我校的体育科技节和文化艺术节，与南奥之星基础学力竞赛就是能让孩子们个性潜能得以发现、发掘和发展的机会与平台。有人可能会说，准备和组织这样的活动，势必要耽误学习的时间，影响学生稳定的学习情绪。这里首先需要明确一个概念——什么是学习？学习什么才叫学习？怎样学习才是学习？如果把学习从局限于课本知识的狭隘视野中解放出来，恰恰是这种超越常规课堂的学习活动，才回归了学习的本意。同时，这种方式的学习活动，更容易出现我们进行教育引导的契机。也有人觉得，这样丰富持久的活动，是否把学生的心搞散了？如果眼中没有教育，这样的活动确实是把学生的心搞散了。然而，也正是这样的活动，才给我们教育工作者提供了更为真实直观的教育场景。就像选择恶劣的天气去拉练一样，越是需要教育，这个时候越显得有价值。重要的是，我们有没有敏锐的审视教育的眼光，有没有发现和把握教育契机的能力。择英才而育之不应是我们为师者获得成就感的唯一选项，发现每位孩子身上所蕴含的个性潜能并使之得以发展才是我们的追求。

  这是一种文化。这是一种承载南奥学校追求高雅、追求卓越的行为文化。正是这样的平台和机会，学生才有超越自己、追求卓越的文化内涵的体验，才有了在活动中感悟高雅脱俗、气度不凡是怎样的一种状态的文化精神。学校文化，应该是一种有故事的文化。而这样的校园节日，恰恰孕育和催生着我们有人有事有情有义且具有独特文化内涵的故事。而正是这样的故事，让我们的学校文化得以传承。

  这更是一种精神。这些节日的举办，充分体现了我们"人人发展，发展人人"的办学宗旨，勇于顶着偏见与压力，直面应试教育的一种精神。让每一位孩子享受有意义的校园生活，让每一位孩子能够获得平等参与的机会，让每一位孩子都有展示自己个性潜能的平台，让每一位孩子都能感受在不同领域的成功与失败，这就是我们的追求。让我们的教育远离功利的纠缠，去靠近童真，靠近孩子们发自内心的需要，靠近孩子们长远发展的需要，靠近孩子们幸福人生的需要，这就是一种教育精神。

细节二 理想之美

我的教育理想

孩子们健康快乐地成长,老师们享有职业的尊严和幸福——这是我的教育理想,产生这样的教育理想,源于对一个基本命题的思考和感悟,那就是"教育何为"。

就教育的对象而言,我以为,教育是发展人并使人得以和谐发展的过程。它不但使人获得作为社会人生存发展应具备的知识、技能以及获得知识与技能的方法,更应赋予人求真、求善、求美的对于人生意义与价值的感悟和追求。

信息技术的广泛应用和知识经济的到来,使得当今社会成为一个学习化的社会,终身学习已成为现代人的生活方式。就教育对人外在的作用而言,那种知识本位的教育观早已不合时宜了。让孩子们习得一生发展所必备的基础知识以及学会学习,比为了一个短期的功利性目标而让他们迷失在知识技能的训练中更有价值。

挣脱工业化大生产对人的异化而寻求人本回归的时代潮流,使我们不得不深刻反思那种目中无人的工厂化式的学校教育。让教育成为生命的教育,让学校成为师生学习的共同体,让学校成为孩子们的精神家园才是教育的本真。

孩子们的学校生活，不只是为了未来作准备，而是现在就在用生命过着金色的童年。把孩子真正当作一个大写的人来看，我们就必须真正关注他们的生存状态，真正关注他们的生命质量。由此，让孩子们在学校健康快乐地成长就是我们生命教育的主旨。

孩子们在学校的健康不单是指身体的健康，更是指情感及精神的健康。试想，一个对学校没有依恋感，在学校没有安全感，不能在学校获得自尊和自信的孩子能够快乐地学习、成长吗？因此，让我们南奥学校的教育从"科学世界"回归"生活世界"，让我们为孩子们营造一个充满人文气息和生活气息的校园生态环境。在这里，在师生之间，在同学之间，每个孩子都能感受到彼此的宽容、彼此的理解和彼此的关爱。在这里，孩子们对老师和同学有着深深的依恋，有着如同在家一般的安全感。让我们南奥学校的教育从"精英教育"回归"大众教育"，让我们以多元智能的视角把关注的目光从个别所谓精英的身上扩大到每一个孩子，从传统的语言及逻辑智能扩大到加德纳教授所揭示的八种智能，让我们尽可能地为孩子们创造人人都能展示其智能特长的机会，让我们真正把发展的空间还给孩子们。这时候，我们南奥学校的每一个孩子都是一个蕴藏着个性智能的优秀生命，每一个孩子的智能特质都能获得激发和展示。在南奥学校，我们的孩子获得的是表征其生命存在的自尊和自信，呈现的是健康快乐的笑脸、茁壮成长的神情。

就教育的职业特性而言，我认同，教育是一个使教育者和受教育者都变得更加完善的职业。"教师，这一太阳底下最光辉的职业，她的尊严和快乐的源泉在于创造，在于提升学生生命质量的同时，升华自己的生命。"

教师职业的尊严需要从经济地位和社会地位上去框定。首先，我们南奥学校的教师要有体面的经济收入，这是确立经济地位的必要保证。其次，教师职业的专业化更是确立教师社会地位的重要基础。因此，在保证教师获得相对满意的经济收入的前提下，致力于教师的专业发展和专业水平的提升是我们南奥学校义不容辞的责任，这也是教师提升职业尊严的必由之路。

教师的职业尊严还在于教师在"价值引导与自主建构"中所处的引导地位。社会赋予了教师在教育过程中社会主流价值代言人的角色，就要求我们去不断地追求自身的完善。北师大"学为人师，行为世范"的校训正是我们南奥教师的完美写照，只有我们去真正地践行这一百年名校的文化精髓，才会获得应有的职业尊严。

教师职业的尊严更在于它不仅仅是一个职业，更是一项牵引灵魂的事业。之所以有"太阳底下最光辉的职业"的美誉，是因为这一事业需要我们怀着无私的爱和每一个生命体交往、互动，需要我们抛开世俗的功利性羁绊走入孩子们的内心世界，去敞亮和启迪他们的心灵。显然，唯有我们不断地丰富自己的情感世界，提升自己的精神境界，才能自内而外地生发出职业的尊严感，也才能自外而内地获得职业尊严的认同。

教师职业不仅是个具有尊严色彩的职业，更是一个充满快乐情调的职业。其快乐并非源自浅层的物质满足和来自外部赞誉的职业优越感，而是来自教师职业本身所具有的创造性和在这一职业领域实现创造性追求的自我实现。南奥学校的教师面对的是活生生的生命，我们的每一项工作时时刻刻都有自主创造的机会。昔日循规蹈矩的教书匠已离我们远去，在研究状态下工作，在工作中创造就是我们南奥教师的工作方式。让我们的学校创设一种学习的氛围，搭建一个发展的平台，构筑一个自主的空间，这是教师们获得职业快乐的基础；让我们的教师保持一种学习的心态，拥有一种研究的视角，怀着一腔创造的热情，这是我们获得职业快乐的根本。

教育是社会的，需要我们赋予孩子发展的本领；教育又是生命的，需要我们激发出孩子生命的灵性；教育更是互动的，需要我们和孩子一起健康快乐地成长。

教育是理想的，需要我们有理想主义的情怀；教育又是神圣的，需要我们有圣洁脱俗的心灵；教育更是快乐的，呼唤我们去创造性地工作。

让北师大南奥实验学校的孩子们健康快乐地成长，让北师大南奥实验学校的老师们享有职业的尊严与快乐——这是我们北师大南奥学校人的共同理想。

细节三 成长之美

把教师发展纳入学校办学宗旨的思考与实践

学校的办学宗旨,主要回答"学校是干什么的"这个看似简单的问题。站在不同的立场,会有不同的答案。北师大南奥实验学校从学校的主体——人出发,确立的办学宗旨是"人人发展,发展人人"。其中的一个"人"就是教师,也就是说,作为学校主体之一的教师,是学校促进发展的对象。那么,为什么要把教师也作为学校发展的对象呢?教师发展应该是一种怎样的发展呢?学校怎样才能更好地促进教师的发展呢?

从学校的主体角度看,学校首先是学生的学校,但同时也是教师的学校。学生和教师是学校这个特殊组织中最为核心和活跃的因素,他们既是发展的客体,也是发展的主体。就教师而言,学校不仅是教师工作的场所,更是教师生活的家园。教师发展能够促进学生更好地发展,但是,教师的发展不应该停留在为了学生发展的层面,同时也是在提升教师自身的生命质量,丰富教师的生命意义和价值。因此,教师发展不应该被当作学校发展和学生发展的手段,它本身就是学校发展的使命。

要想促进教师发展，需要对教师及教师工作有一种新的认识。首先，是对教师的人性假设。我认为，教师不是经济人，而是社会人和自我实现的人。作为社会人，教师更重视社会（学校）对自己的需要，更重视理解和尊重；作为自我实现的人，教师更看重实现或展示自己理想及成就的平台和机会，更看重自己专业发展的现状和前景。其次，教师工作有着显著的职业独特性，主要表现为示范性、助人性、自主性和创造性。为人师表讲的就是示范性，因此，教师的自身素养就显得非常重要。助人性的职业特点容易导致教师的心理枯竭、职业倦怠，因此不断激发教师的激情及让教师学会或具备心理调试能力尤为重要。教师职业又是一个自主性和创造性很强的职业，因此，充分利用这样的职业特点给教师进一步创设自主的空间和创造的平台，对教师发展而言，是头等重要的事情。

在实践中，教师发展需谨防庸俗化、功利化和技术化，这三化滋生"三气"，即俗气、躁气和匠气。所谓教师发展的庸俗化是指仅仅把教师发展看作是促进学校和学生发展的手段，从而忽视唤醒和激发教师内在生命质量提升的需求；而教师发展的功利化更多地反映在，教师自身把教师发展当作是谋取功名利禄的途径；教师发展的技术化则表现在把教师发展仅仅局限于教师教育教学技能技巧的改善。由此来看，在现实背景下，教师的发展需要经历一个脱俗、去躁、除匠气的过程。教师个体的发展，也需要经历一个能师—经师—人师的循环上升过程。

谈教师发展，往往容易把教师发展等同于教师专业发展，我认为二者是有区别的。教师专业发展更多地把教师职业提升为一个专业，并从专业角度看待作为从业人员的教师的发展。但是，教师职业的独特性，特别是基础教育更呼唤教师的全人发展。因此，教师发展首先应该是教师作为人的优先发展，"学为人师，行为世范"应该作为教师发展的重要追求。当然，教师的专业发展是教师发展非常重要的组成部分。

从教师个体来看，教师发展的有效途径是自主成长。只有教师自觉自愿地去发展自己，所有外部促进发展的条件才会起到实质性的作用。

以上是对教师发展的一些认识和思考，下面就把我们学校促进教师发展的实践作一个梳理和总结。

首先，学校确立了以教师发展为本的核心价值观和理念。如我们的办学宗旨"人人发展，发展人人"，把促进教师发展纳入学校的办学宗旨，充分体现了教师在学校的主体地位；我们确立的"让孩子们健康愉快地学习成长，让老师们享有职业的尊严和快乐"的共同理想，把提升教师的生命质量作为教师发展的目标；"我与新课程同行，我与南奥学校一起成长"的座右铭，把教师发展和学校发展以及教育发展密切地联系在一起；学校所确立的文化性管理观，充分尊重了教师、教师职业及教师发展的特点。

其次，学校积极营造和创设适合教师发展的文化氛围。如"追求高雅，追求卓越"的行为文化，"尊重、理解、信任、协作、和谐共生"的人际关系文化，"规范与创新"的教师生存文化。

把教师发展的理念和文化落在实处需要制度保障。为此，我们在学校机构与运行机制、教师评价制度、学习培训研讨制度、话语权制度以及其他支持性制度等方面进行了大胆的实践与探索。

在机构及机制上，学校设置研训部，通过课题研究及专业培训，具体指导教师阶段性发展规划及专业成长；细化并赋权基层团队，让教师在同伴互助中成长；学校干部对口服务和支持基层团队，及时发掘和发现教师发展的生长点并给予倡扬；设置并畅通专业发展双通道（业务通道和职务通道）；设置教师成长档案袋（电子文件或博客）引导教师积蓄力量，体验成长；青蓝工程促进新老教师的相互帮带，共同发展；设立学科带头人及青年教学能手培养专项资金，制定的《学科带头人及青年教学能手培养方案》重在培养、提升、示范；设立年轻教师成长工作室及班主任工作室，让教师们在互动中成长；学校理事会设立梓文励耘奖奖励拔尖教师。

在教师评价制度方面，发展性多元评价制度让教师找到自信与发展方向；常态化的优秀团队申报及评选制度，让教师体验团队的力量，获得更加具体的归属感；团队课例研讨比赛凝聚和激发每一位教师的智慧和积极性；每学期的教育教学创新奖励制度，引导教师享受创新的快乐；不单以学生成绩横向比较来评定教师业绩的过程性评价制度，促进教师合作共赢；注重学生喜欢率和学科感兴趣的评价，引导教师关注学生，关注学科魅力的挖掘。

学习、培训、研讨制度方面，读书制度引领教师在理论的标尺上摸高；培训触发发展的需求，补充发展的动能（学期参与式培训、各类专家培训、校外学术或教学研讨活动）；每期的常规教学拉练研讨制度、团队赛课研修制度为凝聚团队力量、实现同伴互助、有效教研提供了平台；三级课题研究制度，引领教师走上研究道路。

学校充分尊重教师自主和创造性的职业特点，创设教师话语权制度。如把话筒交给老师的教师论坛：分享个人智慧，体验"布道"成就感；学年末的学校发展大家谈、头脑风暴，把学校发展和个人发展联系起来；新教师入职演讲——守望理想与信念；学期述职——回首成长足迹，分享成败得失。

此外，积极设立教师发展的支持性制度，如积极构筑教师在校内外展示提升的平台（积极承担和参加各级研讨会）；校刊、网站及论文集征稿制度，让教师们看到自己的成长足迹，发表自己的观点；校刊封面人物、阳光教师园丁谱，让教师们感受被需要和尊重的幸福。

也曾听过"教师第一，学生第二"的提法，但这里的"第一"却是为了"第二"才成为第一的。从促进学生发展和学校发展看，教师发展优先当之无愧。但从教师作为学校主体看，教师发展更是一个学校的使命。

为成长感动

假期有一档综艺节目《中国好声音》红遍大江南北。除去节目制作及包装的技巧，最打动观众的莫过于草根选手对音乐的挚爱，饱含感情的独特演唱，以及与评委的真情互动乃至惺惺相惜。伴随着该节目第一阶段——寻找好声音的兴奋与感动，我也在《行者无疆　新路有痕》中找寻和感受着十年南奥路上，每一个南奥人发自内心的原创的教育"好声音"。

74篇文章，一个中心词——成长：对教育认识的成长，自身教育理念的成长，教学能力及风格的成长，思维与处事方式的成长，良好心态的成长。在对成长的描述中，流露出的是这份成长带来的欣喜和幸福。而这种欣喜和幸福，带给我的是更多的感动和幸福。因为让教师获得专业成长，让教师享受到职业的快乐，让南奥人形成共享的价值观，也是我这个一校之长的追求和幸福源泉。

十多年前的一个画面始终深刻地印在我的脑海中：2002年8月学校开办前，南奥教师在北京师范大学集中培训一天，课后，我们几个人聚在酒店房间讨论。旋子盘腿坐在床上，一手拿笔，一手拿本，激动地阐述着她对英语教学的看法。要知道，她在平时是一个非常低调、内敛的广东女孩。但每每谈到教学，就会是另外一个样子。我当时就想，这个女孩，凭着这份对教育的热爱和追求，终有一天会形成属于自己的英语教学的独特思考和风格。

转眼十几年过去了，之前的预测成为现实。周旋的《豁然开朗之后，意兴更阑珊——我的教学变革之路》，记述了她十年来在教材处理上的思考与行动，从这样一个视角，为我们勾勒了一条教师的专业成长之路。这条路有三个阶段：适应期，"趴在教材上"教；调整期，"捧着教材"教；发展期，"站在教材上"教。"趴"是一种膜拜和臣服的心理，而在"教材中找教材"教就是这种心理最为直接的体现。应该说，每一个初登讲台的教师都会经历这一步。开始这样并不可怕，怕就怕一直如此还浑然不知。然而，善于思考的周旋发现了这样一种教材在实际教学中存在的问题，并最终突破了自己对待教材的心态束缚，开始深入钻研教材。由此，开始学会审视教材，并以小学阅读课题研究的方式，从宏观上来把握教材，"以个性的眼光去分析教材"，从而使"教学也能表现出个性化的特点了"。把问题转变为课题，随着课题的深入进行，得以从另外一个角度来看待教材，并摆脱教材的局限。这是她在该阶段的显著特点。实现第三个阶段"站在教材上"教，也就是要创造性地使用教材。而要创造性地使用教材，需要教师的视野更加宽泛。"创造性地使用教材需要在充分了解和把握课程标准、学科特点、教学目标、教材编写意图上，以教材为载体，灵活有效地组织教学，拓展课堂教学空间。"正如旋子所言，"'站在教材上'教，我想就是那种能用比较理性的态度和批判者的眼光去审视教材，在教学中真正实现对教材的超越"。看到这里，怦然心动。2001年读研期间曾发表过这样一篇文章，《批判性——现代教师应具有的鲜明个性》。这篇文章当时更多的是基于理论的思考，而今在周旋老师的成长历程中得到了实践的共鸣。

从旋子的文章中看到，趴着—捧着—站着三个状态，恰恰是教师专业成长的三个节点。实现每一次状态的转换，需要不断地突破。突破习以为常，突破固步自封。而每一次的突破，批判性思考，课题化实践，是一个有效的途径。大胆质疑，小心求证，以点带面，有效提升。这是读了周旋的《豁然开朗之后，意兴更阑珊——我的教学变革之路》，给我在教师专业成长方面的有益启示。

细节四 差异之美

中日教师同课异构引发的思考

2011年11月25日，我们的友好姊妹校、日本新潟大学长岗附属学校来我校进行教学交流。依据双方事先的商定，本次交流将通过同课异构的方式来比较中日教学的异同。我们选取了七年级的英语课和四年级的科学课的相同教学内容，由不同的老师在同年级上课。课后中日双方教师进行了研讨交流。这次研讨给我留下深刻印象的是中日科学教学的差异。

科学课共同的教学内容是研究磁铁的磁性。中日两国的教师都采用了引导学生探究的方式，来发现磁铁磁性的分布特点，即都采用了"观察现象—猜想假设—实验验证—得出结论"的探究方式。然而在具体的操作上却表现出了不同。

按照我们国内的教材，课本上的探究活动倾向于定性的探究。具体说来，就是先出示条形磁铁，让学生观察，它可以吸附小铁质物品。然后引入问题：那磁铁各处的吸附力，也就是磁性一样吗？哪里强？哪里弱呢？学生大胆猜测，之后利用回形针分别在磁铁不同部位吸附，分别记录不同位置吸附回形针的数量，然后归纳回形针多的地方磁性强，反之磁性弱，从而得出磁铁磁性的分布规律。

日本老师是这样做的：他也是先出示一个条形磁铁，让学生猜想磁性强弱的分布，但是他不是让学生用语言来描述这个猜想和假设，而是引导学生用一条曲线来画出，距离磁铁不同距离可能的磁性分布。他给每组学生提供了一个小磁铁和一张画有磁铁位置与小细格的纸，并提出问题：如果把磁铁放在纸上的位置，在它的下方，用线来画出磁性强弱的分布，这条线会是什么样子？（中间说明，线越是靠近磁铁，表示磁性越弱）。学生画线后，老师把可能的几种曲线也画在了黑板上。那么到底是哪一种情况呢？接下来，他给每个小组发了一个细的吸管和一个大头针。他提示同学们，用装着吸管的大头针沿纸上的细线由远到近地去慢慢靠近磁铁，当大头针被吸出的那一刻，画下吸管口的位置。同样的办法，学生沿纸上每一条线操作，记录下大头针被吸出的位置。把这些点连成线，这条线即可用来表示磁铁各处的磁性分布。这样的探究，不但让学生经历了探究的过程，更渗透了一种用点线关系体会离散和连续的研究方法，而且让学生初步感知了这条曲线的物理意义，并初步体会到数学作为研究工具在科学实验中的作用。其实，这样的研究方式在我们国内高中物理中会用到很多。之所以让我印象深刻，是他们能把这样的一种思维方式和严谨的方法渗透到小学四年级的科学课中。

由此我联想到早先听说的一个故事。故事说中国和美国顶尖高中毕业生有一个"素质PK"节目。我们中国的青年诗词歌赋、吹拉弹唱、古今中外、上下五千年的知识相当丰富，在这些环节和项目上明显处于上风。然而到了严谨的推理论证和设计实验或方案环节就明显力不从心了。反观我们的基础教育，虽然现在较以往有所改观，但知识为本仍占主流，增加的探究活动也不够严谨。曾经看到一个介绍中国的网络动画视频，据说是外国人做给外国人看的。应该说，视频的绝大部分内容在我看来还是挺客观的。其中谈到中国的学生，动画用直观的方式把各种知识塞到了学生的大脑中，显示中国的学生知识相当丰富。但同期的解说指出，中国学生的批判意识、独立思考能力和创新能力却不足。

我们中国号称世界工厂，然而尖端的技术和核心部件的制造却掌握在发达国家的手中。这个问题是否可以这样思考，我们的创新人才缺乏，同时严谨的制造技术也缺乏。由此联想我们的科学教育，如何培养具有科学精神的人，如何培养严谨认真、动手能力强的人，如何让我们的学生不仅敢于想象和创造，同时又学会严谨的科学方法和手段。这些都是我们中小学科学教育的使命。

追求高雅，从认真倾听和不乱扔垃圾做起

提出这样高雅的低要求是基于太过平常的现实——社会的现实，家庭的现实和学校的现实。

先说倾听。

曾有幸参加一个广州和法兰克福建立友好姊妹城市 25 周年纪念活动的开幕式。开幕致辞需要几种语言的翻译，有的语种听不明白，于是下面就交头接耳，进而发展到喧哗，进而发展到有的人干脆大声聊起了天，直到嘈杂的声音盖过了麦克风的音量。处于此情此景的我只能在心底一声叹息。最讲面子的国民，却在这样的场合也装不了一会儿，终还是露出了我们的本色。可悲的是，在场的不是普通大众，更不是街头为温饱挣扎的盲流，而是在高雅的艺术馆，高雅的大学校园内，有知识的人群中。呜呼！

2005 年 12 月，我参加全国首届小学校长大会。在庄严的人民大会堂，也是在开幕式上，坐在我后面的两位女校长，不停地在聊着天，哪管台上国务委员在发表重要讲话⋯⋯

后来，参加番禺区一个民办学校校长和董事长培训会。就在会场，一个董事长抑或校长，在台上嘉宾发言的同时，大声地讲着电话⋯⋯

正式场合如此，非正式场合更如此。若不是媒体报道我们旅行团在国外公共区域表现的特立独行，差点就忘了凑在一起不管不顾、叽叽喳喳可是咱中国人的本色。

大家细想，这样的场景我们可能已经司空见惯了⋯⋯

有一年 5 月，我们一行人访问友好姊妹校日本新潟大学长岗附属学校，有幸参加了该校举办的面向全国的一次研讨会。集中会议的时候，在室内体育场，坐满了黑压压的一千多名来自日本各地的老师。从会议开始前到会议结束，除了发言人的声音和掌声，整个过程鸦雀无声，所有人都在认真倾听和做笔记。

我也突然回忆起，多次接待来访的日本师生，不管多少人，只要有一个老师面向大家讲话，其他人就立刻安静倾听。

都说美国的课堂是最自由的，孩子干什么都可以。其实这种认识是个谬误！我前后三次访问美国的学校不下十五所，专门观察美国的课堂很多次，一次也没有看到所谓的自由嘈杂的场面。课堂上孩子们的行为可用杂而不乱来描述。杂是说每个孩子都在专注地做着自己的事情，他们除了围在老师身边安静倾听，就是在专注地、个性化地学习。同学的讨论，也绝对是声音很小。集体分享时，只要一个人说话，其他同学立刻安静倾听。有问题就举手示意，没得到允许，绝不乱喊乱叫。

再观我们的课堂，经常看到孩子们只想表达自己的观点，而不愿认真倾听同伴的意见。在很多集会的场合，你说一句请安静，绝对不会立刻安静下来。只有老师或家长动了真气、表情严厉提高了声音，才能使孩子们从嘈杂中安静下来。有时，老师和家长讲话时，孩子们即使不说话却干着自己的事，根本不去认真倾听你在说什么。

我不是一个崇洋媚外者。但是面对在成人间或孩童间出现的这样的差异，作为一个教育工作者，除了不得不由衷佩服美、日学校或家庭教育在这方面的成功之外，心中更多的是深深的隐忧与不安。

一面是感慨，一面是刺痛。出现这样的局面，不管是因为我们现代家庭对"尊重孩子"的误解，还是传统文化遭受破坏所致，追究根源已不是最重要的，而最重要的是，我们需要立刻行动起来去引导，去规范，去养成！请用克制关闭自己的嘴，请用倾听读懂他人的心，请用尊重提升自己的品位。

再说垃圾。

每一个到了发达国家和地区的人，第一个深刻感受就是——真干净！这个干净，不仅是天空的湛蓝，河水的清澈，建筑的整洁，更平常的是在地面上看不到一丁点垃圾，即便是繁华街道背后的小巷也没有垃圾。

记得有一次在境外考察，走进一家茶叶店准备买一点茶叶，顺便和老板娘攀谈起来。因为我手里有一些要扔的垃圾，但是在街道上看不到垃圾桶，就问老板娘，怎么这里的街道没有垃圾桶。老板娘笑着说，这里的街道确实不设垃圾桶，所有的垃圾都需要大家带回家里自己处理，如果随意丢弃就要罚款。然而，即使没有垃圾桶，我们也并没有看到有人把垃圾扔在地上。

在这些发达国家和地区还有个奇特的现象，好像印象中就没怎么见到过清洁工人在公共场所清扫。这和我们国内那么多清洁工整天拿个扫帚不停走来走去打扫形成了明显的对比。然而，人家不扫也是干净的，我们紧扫着，也还是有垃圾。原因何在？很简单，就是每个人都不去乱丢垃圾，地上也就没有垃圾需要扫。

随着我国城市化的发展，更多的人来到城市，享受城市文明带来的舒适生活。然而，城市文明是需要大家一起创造的，而不是一部分人维护，另一部分人糟蹋。目睹那些开着车的现代"文明人"，随手丢弃着垃圾，即使开着车飞驰在高速路上，也不忘摇下车窗把垃圾丢在车外，我真的无语了。听到高速路上因为清扫垃圾而被撞死的清洁工的报道，内心真的很愤懑。这些人丢弃的何止是垃圾，简直就是杀人的刀！

在日本长冈博物馆参观时看到这样的图片和文字记录：二战后，日本为了整顿秩序，政府颁布严厉的法律，规定凡是在街道小便，或乱丢垃圾，甚至衣衫不整都要受到重罚。原来日本人今天的自觉和文明，也是昔日严格规范的结果。其实美国的文明也需要基本的约束。比如，他们规定，自家前的草坪要经常修剪，不得超过一定的长度。如果没有及时修剪而不符合要求，则要交付一定的罚款。理由是，影响了整个社区的环境美观。

回到现实，我们的校园很美，尽管有清洁工在不停地清扫，然而时不时还会出现随意丢弃的一些包装袋，非常的扎眼。我们也教育孩子们不要乱扔垃圾，也设置了很多垃圾桶，也曾鼓励孩子们遇到垃圾要捡起来，然而地上还是有垃圾，还不能真正做到一尘不染。为什么？消灭垃圾，重点不是要及时清扫或捡起垃圾，关键是要消灭乱扔垃圾的行为。我相信，没有一个人愿意故意破坏性地去乱丢垃圾。很多情况下，是无意识或习惯性地随手丢弃，或者嫌麻烦，不愿意送到垃圾桶而乱丢。如何快速纠正这样的不良行为，形成良好的习惯呢？我觉得，这种不需要太多道理解释说明大家都能懂的规矩，严格要求加规范训练是最有效的养成选择。我们要的不是不在学校乱丢垃圾，我们要的是在任何场合都不乱丢垃圾；我们要的不是有人监督时不乱丢垃圾，我们要的是没有任何人监管的情况下，都能自觉自愿地不乱丢垃圾；我们要的不仅是不乱丢垃圾这样的行为，我们要的更是作为一个文明人不乱丢垃圾的修养；我们要的不止于单单完善了自己的品行，我们要的是通过我们来带动身边的人养成基本的公民素养。

  翔宇教育集团的总校长卢志文曾写文章说，要把不随地吐痰作为他们学校的一个教育理想。如果套用的话，就当前情况看，把不乱丢任何垃圾作为我们学校的一个教育理想也不为过。如果真能做到，每一个南奥人，无论在哪里，无论什么时候，都不乱丢垃圾，我想这也算我们教育理想的阶段性实现。

附 录

学校典型建筑

学校介绍

　　创办于2002年9月1日的北师大南奥实验学校，是由中国奥园地产集团投资兴建、北京师范大学管理的一所九年一贯制新型民办学校，是北师大珠海分校基础教育改革的实验基地，同时也是北师大民办教育研究所与北美CITA认证学校，全国特色百强校，广州市义务教育特色学校。

　　学校坐落在广东省广州市番禺区——南国奥林匹克花园社区内。目前有9个年级32个教学班，共1230名学生，其中外籍学生近百人。

　　学校占地面积2.468万平方米，建筑面积1.6168万平方米。校舍设计新颖别致，开放秀丽。以红、黄、蓝为主色调的建筑掩映在绿草丛中散发着勃勃生机。

学校实施理事会领导下的校长负责制。依托北师大雄厚的优势资源，精心打造了一支师德高、能力强、观念新的学习型、科研型教师队伍。现有专任教师86人，其中博士1人，硕士16人，本科59人。经过十余年的培养，学校现有校级学科带头人9人，青年教学能手35人。

学校充分利用强大的专家顾问团和北师大的优势教育资源，站在时代的前列，凝聚一流的教育理念，秉承"人人发展，发展人人"的宗旨，"高雅做人、卓越做事"的校训，专注新全人教育，致力于发展每一个孩子，发展每一位老师，发展每一位家长，使所有人获得和谐发展、个性发展和卓越发展。

学校逐步形成并完善了基础必修课、个性选修课和活动拓展课三级课程体系。除了在基础必修课中落实国家课程，还对国家课程进行校本化。特别研发了大量的校本课程，如80多门个性化兴趣选修课程，以及综合性学习、言语交际校本活动课程、文化艺术节、体育科技节活动、国际文化交流、明德基金义卖活动等活动拓展课程。所有课程指向每位学生的和谐发展、个性发展和卓越发展。

教育国际化，要求学校课程能满足学生获得国际视野和跨文化交往能力的需要。由此，我们除了在各科教学侧重国际理解教育以及IB教育理念的融合，学校在5至9年级开展国际文化交流活动拓展课程。目前，学校有稳定的美国印第安纳波利斯CFI学校、日本新潟大学长岗附属学校、德国法兰克福安娜斯密特学校以及澳大利亚西澳学校四所国际姊妹校。每年都有国际间师生的互访交流。这些活动课程实实在在地为教师和学生提供了对其他国家学校、家庭和社会运作的深度体验。

何夏寿：童话滋养童心

作者说

我要把我的学校办成童话学校。
我希望所有的老师、
家长，
甚至社会，
都以满腔的热情，
牵着孩子们的手，
把他们带进美丽而温暖
的童话世界，
把他们培养成求真求善
求美的人。

何夏寿,浙江省绍兴市上虞区金近小学校长,语文特级教师,浙江省作家协会会员,中国校园文学委员会副会长,中国儿童文学研究会理事,中国语文报刊协会名师专业发展研究会常务理事,全国"《儿童文学》金近奖"常务副秘书长,教育部师德教育专家,浙江省名师导师,绍兴市上虞区儿童文学教育研究会会长。长期致力于儿童文学创作,儿童文学教育教学实践研究,发表了200余篇研究论文,著有《爱满教育》《一个小学老师的童话情愫》《民间文学大课堂》《中华戏曲文学读本》等。应邀赴全国各地上课(讲座)500余场次。《语文教学通讯》《小学语文教师》《小学语文教学》等刊物封面人物。曾入选《中国教育报》年度"推动读书十大人物",第二届全国语文教师文学课堂比赛特等奖。

细节一 童境之美

童话十景

景一：鱼龙池

鱼龙池！这是一个有鱼有龙的池塘吗？

是的，这里的鱼叫小鲤鱼，这里的龙便是大龙门。

鱼龙池

鱼龙池坐落于校园的腹部，前倚金近纪念馆，后枕清水塘，东邻蓝莺园，西毗龙门馆。上述这些梦幻般的名字，可能全国也只有我们学校有。要是在一般的学校里，它们的大名可能是行政楼、教学楼和综合楼。

何夏寿：童话滋养童心

鱼龙池，原本只是一块草坪。为了给孩子们营造一个童话化的校园环境，我和学校的几位领导商量后，根据金近先生《小鲤鱼跳龙门》的意境，将这块普通的草坪改造为现在的鱼龙池。鱼龙池整个造型为一条活泼可爱的小鲤鱼，在池子和草坪的交界处，还搭起了一座可爱的小石桥，涂上了五彩的油漆，像极了一道弯弯的彩虹；而池子的顶端，还竖起了一个有趣的龙门架等，很能吸引小朋友的眼球。

鱼龙池是个美丽的池子。池里的水清澈见底，就像少女纯净的眼波。通常，池水倒映着蓝天的影子，也倒映着五彩桥的影子；倒映着蓝天下浮云的影子，也倒映着池水四周花木的影子。流水潺潺，鸟语花香。

池里还有五彩的溪鱼呢！只要你仔细端详，就会有许多小鱼儿浮出水面和你亲切地打招呼呢！当然，池里还有几只小乌龟，这些小乌龟可不是缩头缩脑的胆小鬼，好些时候，我们能看到这些小家伙悠闲地躺在池中的小假山上晒太阳呢！

池旁还有一个小型的人工瀑布，它的造型活像小鲤鱼的嘴巴。每时每刻，小鲤鱼"吐"着水泡，我们就可以经常见到"飞流直下三千尺，疑是银河落九天"啰！它似乎在告诉孩子们，要学小鲤鱼勇跳大龙门呢！

景二：童善园

春天的童善园，有画，有诗，更有温馨怡人的故事。

几场春雨，染绿了小草，涂红了小花，润亮了小鸟的嗓子，也唤醒了过冬的小青蛙。和着雷爷爷藏了一年的大鼓，小青蛙大喊："春天来了，小朋友们，春天来了！"一旁的三棵大棕树，慈爱地望着还想睡觉的小草，捋着长长的胡须，轻轻地叨念着："小草儿们，是该起来了，小学生们都开学好久了。"

这是我在园中给孩子们找的故事。当然，孩子是天生的故事家，更多的故事还是由他们编织的。

为了使这个小小的花园成为一个滋养孩子向善向美的好地方。我和班子成员利用星期天，特地驾车去了一趟山里，找来了一些造型各异的大石块，把他们安放在草坪上。然后，我请"小蜡笔"绘画社的小画家们，根据石块的形状，

童善园

画成了各种动物形象,煞是有趣;再请"小鲤鱼"文学社的小作家们,用故事将其串连成一个个景点,有《小马过河》《小猫钓鱼》等,很有文化创意。瞧,《小猫钓鱼》最活灵活现了!童善园里的小猫咪,可不像以前那样淘气了。他老老实实、耐耐心心地静坐在草地上,等着小鱼上钩呢!蝴蝶飞来他不理,蜻蜓飞来他不睬,就是整个金近小学的孩子们一起呼唤他,他也不抬一下头,比起当年那个三心二意的小猫,真是士别三日,当刮目相看了!

童善园里还有一间粉红色的小木屋,里面会不会藏着美丽善良的白雪公主和七个小矮人呢?那就要看你的想象和运气了……

景三:探索岛

在鱼悦厅的南面有一座假山,原本是学校在建造食堂打地基时堆积起来的一堆泥土,通过我们的精心打扮,就成了孩子们的休闲胜地——探索岛。

顾名思义,探索岛,是一方求知的宝岛。沿着弯弯曲曲的"求真路"就可登上探索岛。一路上,你可以看到中外20位科学家的照片及他们的童年故事,一生的成就与贡献。这些科学家包括:爱迪生、牛顿、居里夫人、张衡、竺可桢、钱学森、袁隆平等。我们将他们的探索故事制作在一个长达1.5米的"金钥匙"上,寓意着孩子们传承科学伟人的精神,开启人类的科学大门。在"求真

探索岛

路"的尽头,还设计了一个特殊的"金钥匙",里面没有什么内容,只是个大大的问号,下面注有"曾毕业于金近小学"的字样,以此来激励孩子们从小学科学,用科学,探索未知的奥秘。

探索岛还是学校的"花果山"。十余棵桃树、樱桃树、桔树错落有致,树叶苍翠欲滴,花朵淋漓饱绽,蜂蝶翩翩起舞,一派春意融融的风光,令人赞不绝口。当果树上缀满了红润羞人的果子时,果树像温顺漂亮的姑娘,心安理得地收获着百分百的回头率。

花果山上有大王吗?有,孩子们便是这里的"孙大王"了!他们把小脑袋凑近娇艳欲滴的繁花,黑珍珠似的眼珠子瞪得圆圆的,好像要把花儿吞了似的。有的孩子,小鼻尖儿粘着花蕊,鼻翼翕动着,应该在享受着芬芳的惬意吧!也有不少孩子,被眼前的这些可爱的小果子吸引住了,他们的小手禁不住诱惑,不时地想触摸它们,但终究还是缩了回来。因为他们知道,探索花朵的色泽、味道可不一定要以牺牲花儿的自然成长为代价。

景四:金近童话园

童话可写,童话可读,童话可演,童话也可种!在金近纪念馆前的大草坪中,铺设了多条弯弯曲曲的小路,小路旁栽种着许多不同品种的树木,也栽种着童话。

一直以来，我在寻思，金近先生写了那么多童话，学校有4个小花园，我何不将其中一个花园，用金近先生的童话来布置。于是便有了这个童话园。

金近童话园

这是一个平常的小花园，不过200多平方米。但这又是一个与众不同的花园，我们用一种叫水腊的植物，编织了10个动物形象，并把他们种在花园中。特别要说明的是，这些栩栩如生的动物形象全都是金近爷爷笔下的"名角"，金近童话园就这样诞生了。

先看看守护花园大门的大黑狗吧。小精灵草编成的大黑狗，不，是大绿狗，模样憨厚，目光专注，任凭孩子们在他身边戏嬉，他就是连头也不转一下，因为他牢记，他的工作是看好大门，要不就不是忠诚尽责的黑狗了。

再到园东角，听听爱美的小蝴蝶的心声吧："不好意思，我不爱劳动，只爱表面的美，吃了许多的苦。不过听了金近爷爷的批评，我变好了，我也像小蜜蜂一样爱劳动了。"

最有趣的，自然要数园南边的两个小花猫，他们都在讲些什么呢？他们在说……

真正令孩子们敬佩的当然是一群跳龙门的小鲤鱼,因为小鲤鱼几乎成了金近孩子的偶像。我在为童话园中各个"角"写命名词时,为小鲤鱼们写了这样一段话:"怎么样,有趣吧?金近的孩子,总是被这里的故事吸引着,凝神倾听,走进美丽的童话世界……"

景五:跳鱼儿广场

走进我们学校,迎面便是面积达1000多平方米的跳鱼儿广场。跳鱼儿,其实就是金近先生童话《小鲤鱼跳龙门》中的小鲤鱼。当然,广场是以这个故事的场景建构的。

广场主建筑为一个圆形的大花坛。在这个花坛里,一年四季,芬芳四溢。美丽的大花坛招来了孩子们诧异而又惊羡的眼神,他们时常会为一簇小花欣喜不已,会为一树碧叶目不转睛。

花坛的正中央便是我国著名的儿童文学家金近先生的汉白玉雕塑。乳白的雕塑,慈祥的笑容,硬朗的身板,将一代文学大师渊博的学识和平易近人的风范展露无遗。一条鲜艳的红领巾,熠熠生辉,似乎在述说着先生与孩子们化不开、解不断的情缘。

先生塑像的背后,屹立着三根旗杆,迎风招展的分别是五星红旗、"小鲤鱼"校旗,以及我们一年一度的童话节节旗。

跳鱼儿广场

在金近先生塑像的四周,是一片碧绿的小草,草中间有粉红的灌木镶嵌出一条条跳跃的小鲤鱼。簇拥在金近先生两旁的是两条玻璃钢制成的小鲤鱼,这两条小鲤鱼还在吐着鱼泡泡呢,他们的泡泡变成了两个有意思的话语:你跳龙门我叫好!我跳龙门你喊棒!

庄严而又隆重的周一升旗仪式,总在这里如期举行。这里,有孩子们意气风发的飒爽英姿;这里,有共和国嘹亮雄壮的进行之曲;这里,有老师们语重心长的旗下讲话;这里,有孩子们自己书写的"旗下故事"……

在广场的水泥地上,还有用数字组合而成的"毛毛虫",它们其实是一个个有趣、轻松的游戏画图。下课了,孩子们龙腾虎跃的身影,总在金色的阳光下摇曳着……

景六:童星街

童星街,一条与众不同的街。这里,见不到商铺林立,见不到车水马龙,当然也听不到此起彼伏的叫卖声。你能看到的,只是锃亮修长的钢管,色彩鲜艳的写真布,郁郁葱葱的葡萄,整洁有序的坐椅,当然,你一定能看得到"童星街"三个大字。

古今中外的童话大师在这里"安家落户"了:洪汛涛、任溶溶、张天翼、金波、怀特、安徒生、格林兄弟……这里,不仅有这些著名作家的生平介绍,

童星街

更有对他们代表作的推荐，图文并茂，生动活泼。

对着洪汛涛爷爷，孩子们想起了努力而又幸运的马良；望着安徒生爷爷，孩子们想起了那个孤苦无依的卖火柴的小女孩；看着格林兄弟，孩子们想起了美丽的白雪公主和善良的小矮人……

这些大师安家落户的地方是一片翠绿的葡萄架。婀娜多姿的藤条，碧绿晶莹的叶片，加上那一串串玛瑙似的葡萄，勾勒着一幅童趣盎然的田园风光。

葡萄架的两侧有色彩斑斓、参差不齐的石凳，在石凳和地面上还画着棋盘。它们的功劳可大了：孩子们可坐在这里观赏绿油油的葡萄，讲述这些童话大师的故事，悠闲地在这里对弈……

为充分利用好临街的每一个角落，我们还在这条街的每一根立柱上，装上了可以自由转动的文化桶，每个文化桶写上一个月的历史大事，相当于历史上今天的平面展示版。孩子只要是对一年中的某一天感兴趣，或想知道某一天发生了什么大事，都可以在课余饭后，到文化桶前转一转，找一找……

景七：金近纪念馆

金近纪念馆，坐落于校园的东侧，东邻蓝莺园，西毗童星街，可谓是绿荫掩映。纪念馆占地面积2000平方米，建筑面积500平方米，由中国作家协会副主席高洪波同志题写馆名。

纪念馆设有三个展厅，由中轴线入门，从左往右，分十个展面，介绍了金近先生平凡而又光荣的一生。两侧陈列柜陈列着金近家属及友人捐献的大量珍贵的金近手稿、书籍及金近的获奖证书、奖品，出国访问纪念品等。每个展面都用适合于儿童阅读的文字，适合于儿童欣赏的照片，图文并茂地介绍了一个可亲可敬的金近爷爷。

这是一座内涵丰富的纪念馆。这里，我们可以一览金近先生作为一代童话大师的成长历程；这里，我们可以饱读金近先生的经典童话，与童话大师进行心灵对话；这里，我们可以回味自己作为一位"金近人"的成长足迹，可以见证孩子在我们的教育下如何茁壮成长。

纪念馆北侧窗户因纪念馆的建造失去了原有的功能，我们创造性地将原已

金近纪念馆

封闭的窗户改造成了一道亮丽的风景线——"小鲤鱼号"文化车。在这一列与众不同的专列上,你可以看见我们祖国的十大魅力城市,可以读到我们历史上杰出的帝王英豪,可以触摸到我们中华民族的传统节日文化,也可以见证我们祖国的各种之最。"小鲤鱼号"文化专列,图文并茂,内涵丰富,覆盖面广,信息量大,是孩子们不可或缺的一道文化大餐。

纪念馆右侧的墙面上,还分别悬挂有上虞地图、浙江地图、中国地图、世界地图。我们相信,我们的孩子,会在它们的指引下,在金近爷爷的感召下,走出校园,走出家乡,走向世界,演绎一次又一次鱼跃龙门的感动……

如今,金近纪念馆已成为上虞市爱国主义教育基地,省内外许多学者、教师、学生慕名前来参观、学习,当然,更多的是缅怀、凭吊。

景八:小鲤鱼剧场

小鲤鱼剧场坐落于龙门馆的南端,是学校举行大型活动的主要场地,是金近小学的"人民大会堂"。剧场的房顶设计为汹涌澎湃的大浪,一条小鲤鱼遨游其间,寓意着孩子们将在这里一展身手,成为一条条勇于拼搏的小鲤鱼。

和人民大会堂一样,它的主要功能是会场、会客厅、表演厅,不同的是它还承担着学校陈列室等功能。这么多的大功能、大集散,可以想象,小鲤鱼剧场的风光程度是非同一般的。前往金近小学指导、参观或考察的人,可以不知

小鲤鱼剧场

道校长室在哪里，但绝不会不知道金近小学的小鲤鱼剧场陈列着什么，讲述着什么。

小鲤鱼剧场的主会场，几乎天天都是忙碌的。这里，有教科节上老师激扬文字、指点江山的英姿；有我们校本教研活动坦诚互动、智慧碰撞的火花；有我们家长会时的热烈友好，聆听学习讲座时的认真执着；有迎来宾客时的兴高采烈，也有欢送退休教师时的依依不舍……

当然，这里有的更多的还是"小鲤鱼们"的天真烂漫，飒爽英姿。在主会场两侧张贴着15个童话节的节徽，足以证明这里曾经就是歌的海洋，舞的天空。《小猫钓鱼》《博士教学班》《谁是歌唱家》……这些精彩纷呈的童话剧正是从这里走出，走进金近孩子的心里。

景九：星光大道

"星光大道"是什么？这里林立的是一批为我国体育事业作出杰出贡献的"明星"。

赫然入目的是我国的"冠军之父"容国团。他国字脸，潇洒英俊、玉树临风的照片，把我们带回到那难忘的一幕：1959年4月5日，在德国多特蒙德举行的第25届世乒赛男单决赛中，容国团击败匈牙利名将西多，获得新中国第一个世界冠军，打破了我国被世人辱为"东亚病夫"的形象，开创了我国运动员摘金的先河。正是在这位体坛摘金鼻祖的带领下，乔红、邓亚萍、孔令辉、张

星光大道

怡宁、马林等不同时期的一大批乒乓健儿脱颖而出,成为我们中国的骄傲。

王军霞,这位略显消瘦、高挑修长的长跑健将,1996年7月19日至8月4日在美国亚特兰大举行的第26届奥运会上面对种种不利条件,顽强拼搏,以非凡的毅力获得女子5000米冠军,在我国田赛史上写下了浓墨重彩的一笔。

"刘飞人"刘翔,百米冲刺跨栏的勃发英姿也出现在星光大道上。这位跨栏史上的奇才,中国体坛的骄傲,在用他那英勇拼搏的身姿告诉大家:人生难得几回搏,此时不搏待何时?

孟关良,我们绍兴人的骄傲。带着祖国的期望,孟关良和杨文军为中国军团拿下了男子双人划艇500米的金牌,为中国版的希腊神话添上浓浓的一笔。"我们来雅典就是力争冲击奖牌,没想到……"21岁的江西小将,带着朴实的笑,仿佛在诉说着一个辛酸又值得经历的故事。1分40秒278,仅比古巴选手领先0.072秒,这已经足够了。这是中国皮划艇自1984年参加奥运会以来的第一枚金牌,也是中国水上项目的首枚奥运金牌。

与运动场相依相偎的"星光大道",将永远激励着孩子们向着更高、更快、更强努力呢!

景十：艺美林

艺美林，是我们学校的一个小树林。这里，集中了学校许多叫得出名、叫不出名的树木。课余饭后，总能吸引爱好游戏的孩子。

艺美林

特别值得一提的是，这里也有一个"花果山"般的圆形大花坛。花坛周围，十几棵梨树错落有致，树叶一色碧绿，令人赞叹不已。还有一些不知名的小花，开得红彤彤、黄澄澄、蓝莹莹的，星星点点，在微风的抚慰下，显得特别诱人！

花坛四周散落着一些条状的、弧形的、方形的、圆形的石凳。要是你累了，倦了，都可以在这里小憩一会儿。这里的浓荫会将阳光遮蔽，这里的花香能沁入肺腑，这里的鸟儿会为你哼起甜美的摇篮曲。孩子们便是这里的小主人了！他们观绿叶，赏红花，探花蕊，闻花香，触花果，忙得不亦乐乎！

每一天，艺美林里都举行着一场绵延悠长的中国艺术大师峰会。参会的有"横眉冷对千夫指，俯首甘为孺子牛"的鲁迅，有一代京剧大师梅兰芳，有著名音乐家聂耳，有著名书法家沙孟海，有"舞蹈公主"杨丽萍，还有著名国画大师齐白石……

在这一方艺术园林里，孩子们与阿Q相遇，同京剧相识，和国歌相拥，跟书法结缘。我们相信，艺术的种子会在孩子们的心田悄悄地撒播，萌芽，抽绿，开花，结果。

细节二 童真之美

捣 蛋

我做过音乐老师,很多年前了,但我记得这个音乐故事。

随着柔和的音乐响起,同学们三五成群地聚在一起表演了起来。喜欢唱歌的同学很投入地用自己最动听的歌声演唱歌曲;喜欢跳舞的同学,则随着音乐展现出了或优美或活泼的舞姿;喜欢画画的同学在黑板上或在自己的纸上描绘出可爱的小蜻蜓;喜欢打击乐的同学则选用乐器给歌曲伴奏;还有些可爱的"小蜻蜓"成群歇在凳子围成的"花丛"中伴唱。正当我为学生们的表现高兴,为自己教学过程设计的成功感到自豪时,忽然"嘭——嘭嘭",一道不和谐的声音传入了大家的耳膜。"怎么回事?"我皱眉问道。"老师,王东东来捣乱了!"有学生愤愤地喊道。(王东东是他们班里最顽皮的学生,学习习惯较差,还喜欢搞破坏,在我给这班上第一节音乐课时,班主任就提醒过我。)我向发出声音的地方望去,只见王东东扭着屁股,张牙舞爪地要往"花丛"边的同学堆里挤。我看了有些恼火,想过去马上制止他,并批评他。这时,我想起曾有一位教育专家说过,班级中一些顽皮、淘气的学生往往是自卑的、缺乏自信的孩子，他们是想以一些捣乱的行为引起老师和同学的关注。这一观念提醒了我，发火遏制是不明智的，也许我可以试着为王东东的"捣乱"行为找个理由。于是，我再看了他的动作，发觉很像狮子，我灵机一动，微笑着对他说："王东东，你是在表演百兽之王狮子吗？"他以为我要批评他，便歪着脑袋，低着头不吭声了，一双黑溜溜的眼睛却偷偷地观察着我的反应。同学们都静静地注视着我们，看我怎么做。我笑着对那群跳舞的同学说："小蜻蜓们，原来你们还请了狮王来做客啊！你们还请了哪些小动物呢？"同学们一愣，似乎有些不相信，眨着眼睛看着我，露出了疑惑的表情。"还有小蝴蝶！"有位胆大点的学生冒出一句。

"请得很好啊！小蝴蝶的舞姿很优美，肯定能为我们的'森林音乐会'增色添彩的！"我马上鼓励道，"还有小黄莺，它的歌声很动听！"又有学生接道："还有小青蛙，它会跳舞！""小猴会演奏乐器……"学生们纷纷加入进来了。课堂的气氛开始活跃起来，学生的兴致也上来了。他们依据自己的喜好，还操起了乐器模拟各种小动物的形象，结合进原先的歌曲当中。再看王东东，也不再乱叫乱搞了，跳得也是有模有样、有滋有味的。望着兴致勃勃的学生们，我突然有所感触：这不是很好的二次创作吗？虽然和我原先设计的教学过程和教学目标有所不同，但是课堂教学本身就存在许多机动、偶然的因素。看到这情景，我想可以取名叫《森林音乐会》了。

无疑，学生们创造出的《森林音乐会》是课堂学习的升华，是想象力、表现力的极好体现。我们新课程所追求的不就是这些吗？当然，这要归功于那位"捣乱"的学生，还要归功于我为那位学生找了个恰当的理由。设想，如果没有他给我的启示，我就不会对学生提出那样的疑问；如果没有我对他的包容，而是严厉地责备，他肯定会有逆反情绪，恐怕从此以后会对音乐课失去兴趣。正是对他的"独出心裁"给予肯定，并巧妙地加以引导，才有了后面精彩的场面，才有了《森林音乐会》的诞生。成长中的学生难免会犯这样那样的错误，但是只要不是原则性的错误，老师完全可以给予宽容、谅解，用巧妙的方法加以化解，用鼓励的方式让学生发现错误并自己改正错误。教师的宽容，像春风化雨润物细无声，气氛比起疾风骤雨更见效。教师的宽容可以净化学生的心灵，创造出宽松和谐的课堂氛围，促使学生无拘无束，更好地发挥创造力。正如陶行知先生所说的："你的教鞭下有瓦特，你的冷眼里有牛顿，你的讥笑里有爱迪生。"尊重学生，还要学会欣赏学生，特别是对那些学习基础差、纪律松散的学生，更要努力发现他们身上的闪光点，并把这闪光点放大，让每个学生都有展示自己才华的机会，让每个学生都在成就感中获得自信。因此面对"恨铁不成钢"的学生时，一定要冷静。如果我们把指责、批评、抱怨，换成启发、表扬、激励，同时适时地为他们的一些错误行为找个理由，进行诱导，我想我们都将会看到另一种情景，一种让人欣喜的情景！

钢　　笔

"何老师，我的钢笔不见了！"傍晚放学前，文文跑到我面前焦急地说。

又是一桩"失窃"事件，当班主任最头疼的就是发生这类事情。我得像一个侦探似的去发现事情的蛛丝马迹、到孩子中明察暗访，还得像个资深心理专家那样洞察孩子的内心，可又不能大张旗鼓，以免伤了孩子的自尊心。

回想起开学初的"丢书"事件，我足足等待了半个月，在我的耐心将要被消磨殆尽的时候，终于在一个寂静的早晨，发现书静静地躺在了书柜上。我不是为了追查是谁拿走了书，而是为了等到孩子的那份诚实。我相信：那个孩子一定是喜欢看这本书才随手拿去的。从那以后，再也没有发生过这样的事情。

可今天文文的钢笔不见了，我真想告诉她：算了吧，再去买一支好了！可看着她那着急的眼神，我知道虽然她的钢笔值不了几个钱，可对她来说，自从我们这学期开始学写钢笔字起，这支笔一直形影不离地陪伴着她，这支钢笔见证了她的努力、她的付出，她成了班里名副其实的"写字能手"。或许在她的心里，这支钢笔比马良的神笔还要珍贵。

"好，我一定替你找到！"我坚定地告诉她，她这才放心地回到了座位上。"文文的钢笔不小心掉了，如果大家有谁捡到了，请放到讲台上，好吗？"我装作若无其事的样子，趁同学们回家前嘱咐了一句。

"我没有看到！""我也没有！"……

听到大家七嘴八舌地说着，我为自己刚才坚定的承诺而后悔了。只能做最坏的打算：万一找不到，我自己掏腰包去买一支一模一样的送给她，她一定会开心的。可对于拿走钢笔的那个孩子呢？我的心里始终无法平静。

第二天一大早，有个孩子悄悄跑到办公室里向我提供线索，说有人亲眼看到是小杰拿走了文文的钢笔。"目击者"——瑶瑶，被我请到了办公室，她告诉我：昨天中午，写字课下课后，文文把钢笔放进桌肚就离开了教室。小杰来到了文文的座位上，拿起钢笔塞进了自己的口袋里。瑶瑶讲述得很真切。

"那你为什么当时不制止他呢？"我有点生气了，"你怎么能眼睁睁地看着小杰拿走钢笔？"

瑶瑶的脸涨得通红，看看她的脸上写满了委屈，我忽然觉得这样毫无道理地责怪一个腼腆、内向的女孩，太不应该。

好在事情已经有了眉目，我把小杰叫到了篮球场，我们肩并肩地坐在水泥凳子上。

"小杰，你有没有见到文文的钢笔？"我跟他聊起天来。

"没有。"短短两个字，我却从他的声音里听出了心虚。

"文文的钢笔不见了，她特别着急，我们已经练了大半个学期的钢笔字了，钢笔已经成了文文的好朋友，她的钢笔很便宜，她可以重新去买一支，可是她用起来会不习惯。你肯定也会和自己用久了的学具产生感情吧！"我忽然想起一次去家访时，他爸爸告诉我的一件事，"我可听说，有一次你妈妈把你两三岁时骑过的小自行车送人了，你哭了，是吗？"

我的话仿佛触动了小杰，他轻声说："何老师，钢笔是我拿走的。"

"为什么？你自己有钢笔呀，我还用过你的钢笔，写起来很舒服的。而且你的钢笔价格更贵呢！"我心里满是疑惑。

"她的钢笔写出来的字好！"小杰说。

"呵呵呵！"我忍不住笑了，说，"你真是这样想的吗？"

小杰点点头，说："我已经从钢笔上贴着的标签知道文文是哪里买的了。"

多么可爱，多么稚气的理由啊。在这一刹那，我不再为这次的"丢笔"事件而苦恼、生气，我为能分享到孩子的这份天真、上进而感到幸福。

"你的字也写得不错，只要刻苦练习，有一天会写得比文文还好。字的好坏，笔并不重要，重要的是你呀！"

……

我们聊得很愉快。第二天，小杰把钢笔交给了我，他说他还是要去买一支和文文一样的钢笔。

看着他离开的背影，我的心里满是甜蜜……

细节三 童话之美

答问：童话可以这样教

记者：何老师，您30多年钟情于童话教学，是业内童话教学的高手。您的经典童话课例，在小语界引起了广泛的好评。如童话习作课《推陈出新写童话》，童话阅读课《鲤鱼报恩》等。今天，我想请您谈谈，开展童话教学要注意些什么？

何夏寿：童话因其拟人、幻想、非写实等表达特点，囊括了儿童文学全部的艺术特质，如天真、朴素、温暖、诗意等。自儿童文学产生以来，童话一直占据着儿童文学的半壁江山。儿童对童话具有天生的、十分纯粹的迷恋之情。当下，童话成为小学语文重要的课程资源，在很多公开教学活动中，童话也常常有头有脸地被冠以"专场"教学的身价和地位。

前不久，我听了两场"童话教学观摩课"。也许是对爱的主题格外钟情，或者是对文学大师特别推崇，两堂课上都有老师将俄国大文豪托尔斯泰的《七颗钻石》作为公开教学内容。从课的呈现形态上说，施教的两位青年教师比较投入，上得也有一定水准。但凭我对童话的理解，教师对文本的一些解读，是不当的，或者说有误解。

在第一堂课上，执教的女教师用事先准备好的图片，分别在黑板上挂上木罐、银罐、金罐和七颗钻石，请小朋友用自己的话说说小姑娘做了件什么事。一个小男生说，小姑娘用自己找到的水，救了小狗、妈妈、过路人这三个人。还未等小男生说完，老师马上"敏锐"地更正道："小狗不是人。所以，故事主要讲小姑娘用水救了两个人和一条狗……"

无独有偶，第二堂课上，一位男性青年教师切出了大块时间，和孩子谈小姑娘的木罐之变，并且特别强调罐子变化的层次性、递进性。老师意味深长地说："由于小姑娘施爱对象的不同，罐子变化的珍贵程度也不同，救小动物（小狗），木罐变银罐；救亲人（妈妈），银罐变金罐；而救陌生人（有个过路人），金罐里冒出七颗钻石。"

这两个教学片段，有一个相似的观点，那就是人是人，狗是狗。无论是前一位女教师直截了当的"小狗不是人"，还是后一位男教师罐子之变中的"救小动物"一说，他们犯了一个共同的且是致命的文本解读错误——童话逻辑等同于生活逻辑！

记者：请您具体说说童话逻辑是怎样的，在实际教学过程中如何运用童话逻辑进行文本解读。

何夏寿：众所周知，童话是以假定的手法创作的非写实性儿童文学，以幻想的形式，调用夸张、象征，特别是拟人等手法进行写作，是童话基础性"功课"，也是童话之所以为童话的标志性"风景"。试想，要是童话不拟人，不让小狗、小猫说人话，做人事，那故事还能算童话？童话中的小狗、小猫绝不等同于现实生活中的小狗、小猫。童话里的小狗、小猫，被赋予人的思想、情感、价值，象征、代表着生活中各种各样的人。如果能理解到这一点，我们就不会去特别"更正"小狗不是人，去特别强调小狗是小动物。反过来，我们会去肯定小狗就是人，小动物就是特别需要我们去爱护、去关心的弱小、困难之人。

造成教师这种对于文本的误读，原因是多方面的。最主要的是长期以来，受应试教育的影响，语文教学就是语言文字教学，就是听说读写教学，这种功利主义、应试主义的教学理念，造成了不少教师普遍缺乏儿童文学教育的理念和素养。因而，即使教材中选入了诸如《七颗钻石》这样的童话故事，不少老师还是简单化地把它当作识字造句、思想教育的一般性文体，进行所谓的语言文字训练。

其实，作为一种非写实性儿童文学样式，童话拥有独特的叙事风格和美学特色。童话逻辑指的是童话中幻想与现实相结合的规律。这种逻辑对应着儿童万物有灵、物我不分、自我中心、任意组合等心理特点，成为孩子喜欢甚至痴迷童话的依据。在一个成功的童话中，童话逻辑重点表现在童话世界各种假定性事物的存在方式上。其实，文学都是假定的，和小说等写实性文学相比较，童话的非写实性与小说等写实性文学在"假定"度上有大小、深浅不同之分。小说等假定度小，或者说浅，与现实生活比较接近，甚至比较近似现实；而童话的假定意识强烈、夸张，所呈现的艺术世界或艺术形象远离现实，甚至根本不可能出现在现实生活中。如现实生活中，狗是不会说人话的，而童话让狗像人一样说话；在现实生活中，猫是不会自己拿着鱼竿去钓鱼的，而童话让猫像人一样去钓鱼；在现实生活中，个体生命都是有限的，一个人不能永远地活下去，更不可能死而复生，可是在童话里，可齐天地，可无生死。说到底，童话逻辑是一种情感逻辑，即"上帝说要有光，于是便有了光"的那种逻辑。童话正是借用这种贴近孩子心理实际的思维、情感逻辑来对谬误实施保护，而这一点也只有具有缪斯天性的孩子才能真正领会它的含义。在孩子们看来，童话中动物开口说话、灰姑娘穿上玻璃鞋、睡美人睡了一百年美丽如初等如同现实生活一样自然，任何一个孩子都不会因此而大惊小怪。

可惜我们成人总是好遗忘，遗忘了自己曾经的纯真和稚拙，而且又喜欢用居高临下之势审视儿童，用自以为既严谨又严密的因果逻辑、事理逻辑去指责儿童的纯真、超然。出现了案例中的"小狗不是人""狗是动物；人的生命比动物重要，救动物，上帝奖励银罐；救路人，上帝奖励七颗钻石"这种成人化的解读。如果我们能真正读懂童话逻辑，根本无须用一一坐实的成人逻辑、成人价值去更正孩子的"谬误"，去灌输同样是生命，人比动物重要，他人比亲人重要这种成人价值。因为在童话里，狗就是人，是有思想、有情感、能说会笑的人；在童话里，王子与小鹅，国王和小狗，他们的生命一样重要。至于罐子质地之变，我认为无须特别强调，孩子也不会像守财奴一样去关注什么金的银的。如果一定要解读，要深究，我以为罐子之变是对小姑娘坚持行善的累积性肯定，如同我们肯定一个人做一次好事和长期做好事，因行善的偶然性和一贯性不同，采取的奖品不同是一个道理，而不是人比动物珍贵的价值呈现。

记者：听您这么一说，我对童话有了进一步的了解。本来我一直在想，为什么同样的稻草人，在不同的童话里却呈现出截然不同的表现。有的稻草人依然是个"稻草人"，不会说不会动，例如叶圣陶先生笔下的《稻草人》；而有的稻草人，不但能说会道，而且还会跟人打斗，像《绿野仙踪》里的稻草人。原来这都是童话逻辑在从中"调度"。

何夏寿：可以这么理解吧！

记者：何老师，我还想请教一下，有人说真要教好童话，必须阅读一些童话教学的理论。请问，您对这个问题持什么看法？

何夏寿：哈哈！这个问题也不是专为"童话"而备的。哪一种文体的课，真要教好都需要理论支撑。所以这是一个共性问题，而不是童话"专供"。不过，我是十分赞同一线教师在教学之余，读些童话方面的理论，这样可以提高教学效果。

记者：在理论满天飞的当下，就您的学习视野，哪些理论对童话教学较有帮助？

何夏寿：哦，我说三个文学理论吧。先说"天真阅读"理论。"天真阅读"即要天真地、孩子般地投身到阅读中去，对作品的写作没有任何怀疑、保留或者问题，任由作品将你带到他所描写的国度。这是美国文学理论家希利斯·米勒在《文学死了吗》一书中阐释的一个文学阅读理论。

我以为，在小学低年级，天真阅读尤其值得重视，低年级的童话教学，尤其要采用"天真阅读"法。

人教版一年级上册有篇课文叫《雪孩子》。故事讲一个大冬天，兔妈妈要去外面找吃的，给自己的儿子小兔子堆了个雪孩子。雪孩子和小兔子成了一对很好的玩伴。后来，小兔子睡觉时，不小心引发了一场火灾，雪孩子奋不顾身救出了小兔子，自己却化了，变成了一朵很美很美的白云。

有位老师在带孩子朗读了这个故事后,告诉孩子,这个故事运用了童话的形式,用了拟人的写法。为了解释什么是拟人,老师对学生说:"你见过小兔子和雪孩子真的在一起玩耍吗?"老师的意图很清楚,生活中小兔子是动物,小雪人是人堆出来的状物,小雪人根本不会行动,当然不可能和小兔子玩耍。他要用这个事理告诉学生,故事把小兔子和雪孩子当人一样写,写得有思想能玩乐,两人还能做朋友,这就是拟人。可一年级的孩子不理解,回答说真的见过小兔子和小雪人在玩。老师心急了,问在哪里见过的。绝大多数小朋友说课文里写着的,有个小朋友站起来说:"有一个下雪天,看到小兔子躲在小雪人背后玩捉迷藏。"被这个孩子这么一说,其他小朋友也纷纷举手,弄得老师十分尴尬。其实,老师"非天真"的提问,实在多余至极,甚至弄巧成拙。他这一问,除了根本没有解释清楚什么是"童话的形式",什么是"拟人的写法",反而让原本干净、简洁的课堂变得拖沓、臃肿。这种与儿童为敌的反"天真阅读",严重破坏了孩子对文学的美好想象。

我认为,对低年级孩子是用不着这样心急地进行文体特点、修辞知识讲授的。对小孩子来说,不讲这些文体特点和修辞知识,不但不会影响他们欣赏、理解文学,反而会使他们走进文学的深层,保持对文学丰富而旺盛的热恋。另外,儿童的心性是泛灵的。他们看到小兔子跑到小雪人面前,完全可以想象成他们在玩捉迷藏。即使我们向他们保证"一个是动物,一个是状物,真不可能做朋友玩捉迷藏",我估计孩子也是不信的。那《拔萝卜》中,小花猫、小老鼠这些小动物不是和老爷爷、老奶奶做朋友,一起拔萝卜吗?

记者: 是的,您举的例子很有意思。我还想听您说第二个理论呢!

何夏寿: 第二个理论叫"延迟怀疑"。"天真阅读"是不是只适合小学低年级的学生?回答肯定是否定的。有的人一生都保持一颗纯真的童心,保持儿童的天真和想象力。能天真时且天真,这不仅仅只是良好的阅读习惯,也是现代人良好的生活态度。

但是话要说回来,我们在倡导"天真阅读"童话时,也要警惕天真主义,更不要人为地、故意地怂恿孩子去相信文学里的事情和人物,在现实生活里真实地存在。

那天，我听我徒弟上《丑小鸭》。在结课之前，他安排了请学生说说读后体会这一环节。孩子们说以后我们要保护所有鸭子，要劝阻大人不杀鸭子，更不吃什么烤鸭。我觉得，学生由"丑小鸭"这个文学形象激发了他们潜在的善良和爱心，这正是童话教学所要追求的效果之一。可是我不赞成孩子们"劝阻大人不杀鸭子，更不吃什么烤鸭"的说法，因为这不是"天真阅读"的范畴了。照此逻辑，读了《丑小鸭》就不吃烤鸭，那读了《鸡妈妈的新房子》就不吃肯德基，读了《七颗钻石》就把水全给了小狗，那读了《女娲补天》还一天到晚指望着天什么时候塌下一角，好去学女娲做个补天英雄。"天真阅读"是指阅读过程中对文学的想象世界充满信任，而不是阅读过后还确信绝有此事。

这里需要引入一个文学理论，即柯勒律治的"延迟怀疑"。所谓"延迟怀疑"是指文学达到的一种效果——读者在开卷之前或掩卷之后，能够意识到这个故事是作家虚构出来的。需要强调的是，在阅读作品的过程之中，却宁愿相信作家所讲述的故事是真实的，作家并没有在编织谎言骗人。在小学高年级学生的童话教学中，我以为要保持"延迟怀疑"，在课堂上，老师没有必要过早地去捅破虚构这层"窗户纸"。即使在小学高年级学生中，哪怕是低年级学生中，已经有学生认为童话里所写的只是"写写而已"，并不能"当真的"，老师也要运用"延迟怀疑"，至少以"情感是真实的"这一底线去守卫作品的真实性。如读《巨人的花园》，要让小朋友感受到荒诞美、隐喻美；读《去年的树》，要让小朋友感受到诚信美、凄凉美；而读《从现在开始》则能让小朋友感受到故事的稚气美、怪异美。

但"掩卷之后"，就需要"转换频道"了。要让学生明白，故事只是故事，而不是生活写真，更不可一味沉浸在文学的想象世界里，不能自拔。文学作品里的"鸭子"和生活中的"鸭子"，虽然字面上是一样的，但毕竟是两个不同概念的"鸭子"。前者是包含作家主观情感、赋予象征意义的鸭子，而后者是客观的、生物意义上的鸭子。一般情况下，即使是低年级的孩子，也不会产生将童话中的鸭子和现实中的鸭子混为一谈的现象。个别故事读得少，而且偏于理性的孩子，即使问到这样的问题，老师也不要过于放大，像我徒弟那样"故事里的鸭子和生活中的是不一样的"的模糊说法，一句带过，不失为一种策略。如果能再加上一句"故事就是故事，不是什么都是真实的"，可能效果会更好一些。

记者： 听您这么一说，我还想起以前我听一位名师上过的一节《卖火柴的小女孩》，他在结课时要求学生全体起立，双手合十，配着悲凉的音乐朗诵道"这样一位可爱的小女孩，这样一位可怜的小女孩，就这样永永远远地离开了我们，让我们永永远远地将她记在心中"，这场景让现场学生潸然泪下。听您这么一说，这课原来偏离了文学轨迹？

何夏寿： 是的。这是一种典型的"文学缺失症"：将虚构的文学形象当作真实的生活人物，将一个根本没有与我们生活过的人物，说成是永永远远地离开了我们，而且还要双手合十，为她祈祷，为她祝福。这也不是"天真阅读"，而是教学的病态。可能有人会说，文学作品不是培养孩子悲天悯人的文学情怀吗？问题是，学生在老师导演般的指挥下，集体起立，"表演"祷告，先问问老师自己真有对小女孩之死的怜悯和祈祷吗？如果没有，还组织学生举行这种"仪式"，那就只能说表达的是虚假的感情，这就是矫情。不但与文学精神相敌，且与人性培植相违。

记者： 太有道理了。说实话，听了这样的课，我心里也有点"不舒服"，但具体要我说说为什么"不舒服"，我也说不出个子丑寅卯。听您用文学理论一分析，豁然开朗了。请再说说第三个文学理论吧！

何夏寿： 当下，有一种童话教学走向，那就是将童话教学和哲学、伦理学、文化研究阅读联在一起教，认为光把童话教成童话显得太浅显、太单薄、太小儿科。我认为，从建构论的角度讲，童年是一个动态的过程，任何时代的儿童都是社会文化建构的概念。我们不能囿于儿童是"天真的"，我们只能教"天真的"这种狭隘的教学观，童话教学当然可以教儿童"天真的"以外的很多东西。但对于诸如"文化研究阅读"教学，我认为应该浅尝辄止，并且只能在小学高年级中进行尝试，而且要把握好这个度。

这实际上涉及一个理论概念，即"文化研究"。所谓"文化研究"，是特指文学阅读中的一种方式。米勒认为：文化研究阅读是一种批判性阅读，它"质疑文学作品如何灌输关于阶级、种族或性别关系的信条"。也可视作拓展性阅读，拓展了文学作品除文学性以外的文化外延。

我曾经听到有位老师教完安徒生童话《卖火柴的小女孩》一文后问学生："同学们，你们觉得小女孩和奶奶一起飞走了，是幸福还是悲伤的？"孩子们一边倒地说是悲伤的。因为根本没有天堂，小女孩飞走了，其实就是冻死了。这时，老师这样告诉大家："对于我们来说，小女孩飞走了，你觉得是悲伤的，没错。但对于安徒生爷爷生活的那个叫丹麦的国家，一个善良的穷人安静地死去，其实还真是幸福的事。因为他们国家的人们相信此生有人间，来生有天堂。能够早日升入天堂，当然是幸福的！"

我觉得这样的教学，介绍了不同的文化语境，加深了对文学的多元理解，同时，拓展了孩子的文化视野。对于六年级的学生来讲，还是比较贴切和自然的。

但也听过类似问题的不同文化解读。那位讲课老师自己的文化视野比较开阔，在讲授这一问题时，讲到了文章安排了小女孩卖火柴而没有安排小男孩，安排了小女孩的奶奶而没有出现小女孩的爷爷，这是为什么？学生当然答不上来。继而老师讲了西方男权主义视野下的女性观，讲到安徒生对女性的观念、认识等。为了说明这个问题，老师还引入了安徒生的另两篇童话，一篇是《海的女儿》，还有一篇是《野葡萄》。《海的女儿》中美丽善良的小人鱼公主渴望进入人类社会，得到王子的爱情，付出的代价是她那甜美的嗓音和动人的歌喉；而在《野天鹅》中艾丽莎为了拯救她十一个哥哥，听从仙女的告诫："从你开始工作的那个时刻起，一直到你完成的时候止……你也不可以说一句话……他们的生命是悬在你的舌尖上的，请记住这一点。"通过这两篇童话共同观点的提取，让孩子们感受到安徒生的男权主义倾向的严重性。我觉得向小学生讲这些文化背景就显得太拔苗助长了，简直有为难学生之嫌。

注：本节曾发表在《小学语文教学》2016年第21期。

附　录

学校典型建筑

学校介绍

浙江省绍兴市上虞区金近小学创办于1927年，几易其名。学校地处上虞市崧厦镇——我国著名儿童文学家金近先生的故乡。2000年，为传承和弘扬金近儿童文学事业，鼓励学校积极开展童话育人，当地政府将学校更名为金近小学。学校占地面积23680平方米，现有学生820名，18个教学班，50位教职工。系浙江省标准化学校。

自1996年开始，学校树立"童心、童真、童趣"的儿童教育思想，尊重童心、顺应天性，用童话滋养童心，积极实施"素质教育童话化"的教育改革。以课程为依托，借助童话具有认知、审美、教化、娱乐等多元功能，在环境建设、学科建设、师资建设、学生活动、教育评价等方面，进行了全面的实践与研究。形成了别具特色的办学风格，探索了富于活力的办学路子，找到了属于自己的办学方向。

学校是浙江省十大育人模式创新学校，江浙沪儿童文学教育联盟学校理事长单位，全国"《儿童文学》金近奖"秘书长单位。几年来，前往学校参观学习的外地领导、教师络绎不绝。国家教育部、浙江省人民政府、浙江省教育厅有关领导先后前往学校考察指导。

学校先后承办了浙江省第四届与第五届青少年作家培训班活动、浙江省儿童文学作家年会、浙江省小学作文教学研讨会、浙江省特色学校建设研讨会等大型活动，中央电视台、中国教育电视台和《人民教育》《中国教育报》《浙江日报》等国家、省市级媒体，先后专题报道了学校童话教育盛况。

学校先后荣获浙江省童话教育特色学校、浙江省作文教学协作学校、浙江省青少年作家创作培训基地、浙江省示范小学、全国示范书香校园先进集体、全国乡村学校少年宫等40余项国家、省市级荣誉。

后记 种树的人

她穿着平底鞋，只要得空，就围着校园转转：有时钻进花丛拔掉杂草，有时把爬山虎的枝干轻轻扶上墙，有时跟着管园林的老大爷一起浇水，有时拿根小绳绑直树干……

她深信"惊喜"是一种能力，找学校的"书法家"老师写了甲骨文的"惊喜力"三个字，并隆重地装裱悬挂。在她看来，越是肯对微不足道、司空见惯的事物奉献惊喜力，越有可能将自我修炼成一处绝佳的"精神风景"。

每天早上在学校门口迎接学生，互道"早上好"。他对学生的语调、表情、击掌的方式都有入微的观察。

一道数学题，一封家长信引出"求真的思考"。在老校长的启发下，他悟出细节是一种关注、一种体察、一种创意，这使教育充盈着灵动的智慧，洋溢着人性的光辉。

……

他们是校长，是学校这艘大船的掌舵人，也是发展蓝图的绘制者。他们各有角度，各有力道。在这里，他们为自己的学校画了一幅工笔画。

在教师中颇有影响的《教育的细节》一书的作者、华东师范大学出版社策划编辑朱永通似乎对"细节"情有独钟，两年前，他建议我编一本"校长眼中的学校细节"。而我一向将"小的是美好的"这个20世纪风靡全球、广被采纳的经济学公理奉为生活箴言，同时，教育记者的身份也使我对学校这一场所充满职业赋予的探究热情，所以欣然接受了主编这本书的邀约。

作为教育的重要发生地，学校是物质的，也是精神的。作为一所学校的掌门人，校长在一定程度上影响并塑造着学校的气质。

历史积淀、地域文化、自然条件等当然是一所学校气质养成的土壤，但一块相同的土壤也会因园丁不同的旨趣与匠心而结出相异的果实。一校之长当然有很多"大事"要做，但"致广大而尽精微"，体现于细节中的智慧才是蓄积教育这棵大树蓬勃生长的内在力量。

一沙一世界，一树一菩提，世界的一切原本是由细节构成的。懂得这个道理，所以做大事的校长们愿意停下来，采撷细节的种子，种一棵用爱与美孕育的教育之树。

只有发生过教育的故事后，学校才成为学校，成为装满故事的博物馆，成为美好故事的集散地，成为传奇故事发生的地方。有了故事，学校才是教师和学生精神意义上的"家"。窦桂梅校长讲"女神搬家"的故事，其实要说的是怎样让孩子们大大方方地面对美，怎样教孩子学会审美，怎样让校园与儿童发生关联……

然而，在教育的功利色彩难以剔除的当下，"美"在许多学校尚难以抢到一席之地。张丽钧校长却梦想着为每一个来她的学校学习的孩子身上打上一个鲜明的"戳记"，用正能量的生命之美、真实之美教他们拒绝成为自我的"差评师"。

美隐匿于细节中，看见美，需要一双发现的眼睛。程红兵校长创造的课程之美便源于红树林中的发现。一门课程的诞生看似是一种机缘，其实机缘背后是思考及其带来的灵感。

教育无小事。在华应龙校长的细节故事里，学生饮水机上的"温"和教师饮水机上"烫！学生勿动"的提醒令人印象深刻。35度是学生饮水机中可直接入口的水温。环境之美，美在细节，这样的细节体现的不就是适时适度的爱吗？

万物发展的生命潜流都有其文化的根脉。姜树华校长深挖校史宝藏，打造富有传承性的学校标识、吉祥物、校歌、书院……用创新姿态弘扬传承之美。

在传统里汲取美，在自然中捕捉美。朱爱朝校长以二十四节气为经，以自然笔记为纬，带领师生与世界建立健康的关系，进行全人教育的实践和探索。

……

9位校长，9所学校，9幅富于细节的工笔画。本书以专辑的形式呈现9位校长眼中的学校细节，意在把校长们引领建设的学校之美和教育智慧传播给更多的人。

窦桂梅校长说：当校长，我最愿意做的事情是种树、种花。

校长，本来就是种树的人吧。我很喜欢窦校长文中的这句话："仿佛这些不会说话的大树能够懂得我的倾诉：陪伴，等待，耐心，希望。于是，看校园里的一草一木、一亭一阁的状态，逐渐涵养了我看教师、看儿童的心态。我感悟到，大树的生长，即学校的生长……"

由于报纸编辑工作的繁忙和我的拖延症，编这本书的过程是缓慢的。我想象自己是一只爬树的蜗牛，有时耽于风景，有时疏于懒散，但阳光照亮的每一片叶子都在召唤我加快脚步，奋力攀爬。

感谢为这本书提供细节故事的9位校长，感谢华东师范大学出版社。感谢朱永新老师为这本书热情作序。

王珺